AF636450

SingLiesel

Satz und Gestaltung: Röser MEDIA GmbH & Co. KG, Karlsruhe
Druck: FINIDR, s.r.o.
Printed in Czech Republic

ISBN 978-3-948106-62-1

MIX
Papier | Fördert gute Waldnutzung
FSC® C014138

© 2023 SingLiesel GmbH, Karlsruhe
www.singliesel.de

Bildnachweise: shutterstock.com; S. 23, 24, 27, 29, 31, 32, 35, 36, 42, 43, 46, 53, 55, 61, 63, 67, 133, 135
© Natali Mallek und Annika Schneider

Alle Kurzbegegnungen in diesem Buch sind aus der Praxis entstanden und vielfach erprobt. Bitte vergessen Sie nicht, dass jeder Mensch seine spezielle Tagesform und seine einzigartige Biografie mitbringt, die Sie berücksichtigen müssen. Nicht jede Übung oder jedes Spiel passt für jeden. Die Autorinnen und der Verlag haften nicht für etwaige Personen- oder Sachschäden.

Alle Rechte, auch die des auszugsweisen Nachdrucks, vorbehalten. Dies betrifft auch die Vervielfältigung und Übertragung einzelner Textabschnitte, Zeichnungen, Bilder oder Aufnahmen durch Verfahren wie Speicherung, Übertragung auf Papier oder unter Verwendung elektronischer Systeme.

Natali Mallek | Annika Schneider

Kurzaktivierungen mal anders

Beliebte und einfühlsame Beschäftigungsideen für Senioren

SingLiesel

Inhaltsverzeichnis

Vorwort

So viele Menschen, so viele Emotionen, so viele Bedürfnisse, so wenig Zeit!

Der Alltag in der Pflege und Betreuung ist viel zu oft von Zeitmangel geprägt. Kein Wunder, dass die 10-Minuten-Aktivierung sich nach ihrer Entwicklung so schnell in Senioreneinrichtungen verbreitet hat. Karten für die Hosentasche, Würfelspiele oder kleine Quiz-Spiele können hilfreich sein. Sie füllen Zeitnischen und verbreiten Freude. Doch zur Betreuung und Begleitung gehört noch so viel mehr. Die echte Begegnung von Mensch zu Mensch, das Erkennen des Gegenübers, das Annehmen, das *Sein*-Dürfen.

Es geht um Bedürfnisse, um Gefühle, die wir haben, und nicht zuletzt darum, wie wohl wir uns in unserem Leben fühlen. Es geht um Lebensqualität, um Glück und Zufriedenheit.

Wir versprechen in diesem Buch keine Wunder, wir behaupten nicht, dass in kurzer Zeit und mit wenig Mitteln alles gut wird. Wir wollen an dieser Stelle aber auch nicht darüber lamentieren, wie viel besser alles wäre, wenn wir mehr Zeit, mehr Personal und ein größeres Budget für Anschaffungen hätten. Auch wenn wir das könnten und Recht hätten. In der Arbeit mit pflegebedürftigen Menschen in unserem Pflegesystem kann ein pragmatischer Ansatz hilfreich sein.

Wir wollen genau unter die Lupe nehmen, wie wir die kurze Zeit, die uns manchmal für eine Begegnung bleibt, nutzen können. Wir wollen uns anschauen, wie wir die Vorteile ausschöpfen können, die eine kurze Begegnung bei Menschen mit einer kurzen Konzentrationsspanne hat.

Wir wollen Mut machen für ein Miteinander auf Augenhöhe in einer schnelllebigen Welt. Viele kleine Impulse für die Gestaltung dieser Begegnungen und Momente prägen dieses Buch. Dabei liegt der Schwerpunkt nicht auf dem eingesetzten Material. Das Material ist nur Impulsgeber, die Brücke für die zwischenmenschliche Beziehung und vielleicht die Leitbahn, um einem Menschen zu vermitteln, dass er gehört und gesehen wird.

Momente aus der Vergangenheit prägen Momente der Gegenwart. Was lange her ist, erscheint uns manchmal ganz nah. Lassen Sie uns gemeinsam entdecken, wie wir Alltagsgegenstände, sinnesanregendes Material und Erinnerungen an Momente der Vergangenheit für Begegnungen im Hier und Jetzt nutzen können. Auch, wenn die Zeit mal wieder knapp ist.

Die Kraft liegt im Augenblick!

Wir wünschen Ihnen viel Freude bei der Umsetzung.

Natali Mallek und Annika Schneider

Rückenstärkung aus der Theorie

Bedürfnisse

Wir orientieren uns an den Bedürfnissen der Menschen, mit denen wir arbeiten. Ein schöner Satz, und man liest viel über Bedürfnisse in Leitbildern, in Konzepten und Planungen. Viel zu schnell gehen wir davon aus, dass wir alle das Gleiche unter dem Begriff „Bedürfnisse" verstehen. Doch der Begriff ist komplexer, als er zunächst wirken mag. Die Theorien um die Bedürfnisse des Menschen sind vielfältig. Ein menschliches Bedürfnis ist etwas, das der Mensch braucht. Was braucht ein Mensch wirklich?

Nahrung, Kleidung, ein Zuhause, das ihn schützt: Bei den körperlichen Bedürfnissen gibt es nicht viel Diskussionsbedarf. Doch wenn wir jetzt wieder an die Pflege und Betreuung von Seniorinnen und Senioren denken, wird es komplizierter. Über „satt - sauber - trocken" und die Meinung, dass das ausreichen würde, sind wir doch lange hinaus, oder?

Der Sozialpsychologe Tom Kitwood hat eine „Bedürfnisblume" entwickelt, um die psychischen Grundbedürfnisse eines Menschen darzustellen. In die Mitte der Blume, in den Blumenstempel, schreibt er den Begriff „Liebe". Darum herum, in die Blütenblätter, die Wörter „Bindung", „Einbeziehung", „Beschäftigung", „Identität" und „Trost". [1]

Doch egal, auf welche Bedürfnistheorie wir uns beziehen, die eigentliche Frage ist: Was passiert, wenn unsere Bedürfnisse nicht oder nicht ausreichend befriedigt werden? Es geht uns nicht so gut. Unser Körper und unser Gehirn warnen uns: Wir haben Hunger, wir frieren, wir werden wütend, wir haben Angst, wir schämen uns. Wir haben unbequeme Gefühle, mit denen wir umgehen müssen. Wir sind nicht glücklich. Wir sind nicht zufrieden.

Glück und Zufriedenheit

Glück ist ein großes Wort, dessen Inhalt schwer zu greifen ist, doch wir alle sehnen uns nach Glück. Zufriedenheit ist die genügsamere kleine Schwester, aber auch nicht immer leicht zu greifen. Müssen wir noch bescheidener sein und uns fragen, wie wir erreichen, dass es uns „nicht schlecht" geht?

Der Mensch ist ein Lebewesen und als solches darauf aus, das eigene Überleben zu sichern. Unser Gehirn ist ohne Pause damit beschäftigt, die eingehenden Reize aus der Umgebung und aus unserem Körper daraufhin zu untersuchen, ob sie gut für uns sind oder ob sie uns schaden. Eine be-

1 Vgl. Tom Kitwood (2008), Demenz. Der person-zentrierte Ansatz im Umgang mit verwirrten Menschen, 5. Auflage, Huber Verlag, Bern.

sondere Rolle bei der Einordnung von Reizen aus der Umwelt und unserem Körper spielt innerhalb unseres Gehirns das limbische System. Das limbische System ist der Ort, an dem unsere Gefühle ihre Wurzel haben. Ohne, dass wir es steuern können, gleicht das limbische System alle eingehenden Informationen aus dem Hier und Jetzt mit früheren Erlebnissen und Erinnerungen ab. Es entscheidet in Bruchteilen einer Sekunde, ob eine Erfahrung wiederholenswert ist oder von uns abgelehnt wird. Dann sendet uns das limbische System Signale, wir haben ein Gefühl. Gefühle können angenehm sein und wesentlich zu unserer Zufriedenheit beitragen oder weniger angenehm sein.[2]

Koregulation

Emotionale Prozesse laufen nicht nur innerhalb eines Menschen ab. Der Mensch ist Teil seiner Umwelt, und diese Umwelt und die Menschen in ihr haben Einfluss auf ihn. Wenn wir Babys sind, sind wir bei der Regulation unserer Gefühle hauptsächlich auf unsere Eltern angewiesen. Die meisten Eltern entwickeln Strategien, mit denen sie ihr Baby gut beruhigen können, sie merken, wann es Ruhe braucht, wann es bereit ist zu spielen, wann es in den Arm genommen werden sollte. Die emotionale Regulation, das Erkennen unserer Bedürfnisse und der Umgang mit unseren Gefühlen, wird am Anfang unseres Lebens hauptsächlich von unserer Umwelt, in den meisten Fällen von unseren Eltern übernommen, man spricht auch von Koregulation. Wenn wir älter werden, müssen wir unsere Bedürfnisse immer öfter selbst erkennen und selbst Strategien entwickeln, um mit unseren Bedürfnissen und Gefühlen umzugehen. Trotzdem hört die Koregulation ein Leben lang nicht auf. Wenn ein Freund uns tröstend in den Arm nimmt oder unser Partner in einer schwierigen Situation unsere Hand hält, dann ist das ebenfalls Koregulation.[3]

Im Fall einer neurodegenerativen Erkrankung, wie zum Beispiel einer primären Demenz, aber auch bei vielen anderen Erkrankungen kann es sein, dass der Mensch wieder stärker auf die Koregulation durch seine Umwelt und die Menschen, die ihn betreuen und begleiten, angewiesen ist.

Das zentrale Ziel einer guten Pflege und Betreuung ist aus unserer Sicht, immer eine möglichst hohe Lebensqualität bei den betreuten Menschen zu erreichen. Kurzbegegnungen können im hektischen Pflege- und Betreuungsalltag einen wichtigen Beitrag dazu leisten. Natürlich sind sie nur ein Puzzleteil von vielen, und es wäre naiv zu denken, dass es eine Methode, ein Konzept oder eine Art und Weise gibt, die die Lebensqualität allein bestimmt oder beeinflusst. Absolut verantwortungslos wäre es zu behaupten, dies würde schnell gehen und sich in kurzer Zeit umsetzen lassen. Doch darum geht es auch nicht. Es geht nicht um einen Zauberstab, mit dem alle Probleme verschwinden. Es geht um Lichtblicke im Alltag. Schöne Momente. Kraftspendende Minuten. Es geht um die Möglichkeit,

2 Vgl. Mark Galliker (2009), Psychologie der Gefühle und Bedürfnisse. Theorien, Erfahrungen, Kompetenzen, 1. Auflage, Kohlhammer, Stuttgart.

3 Vgl. Klaus R. Scherer, Richard Davidson, H. Hill Goldsmith (Hrsg.) (2009), Handbook of Affective Sciences, Neuauflage, Oxford University Press, New York.

durchzuatmen. Und es geht auch um die Realität. Wenn nur ein paar Minuten zur Verfügung stehen, dann wäre es schade zu sagen: „Das lohnt sich eh nicht!" Denn davon sind wir fest überzeugt: Es lohnt sich! Jeder schöne Moment lohnt sich und hat einen positiven Einfluss.

Koregulation in der Kurzbegegnung

Wenn wir nur einige Minuten Zeit haben, einen Menschen zu begleiten, dann können selbst so kurze Zeitspannen einen wertvollen Beitrag zur Koregulation leisten. Das erfordert von den Betreuenden ein besonders hohes Maß an Einfühlungsvermögen, eine gute Beobachtungsgabe und Flexibilität. Die Strategien, die Menschen in ihrem Umgang mit Gefühlen helfen, sind sehr unterschiedlich. Entsprechend unterschiedlich kann auch unsere Reaktion auf die Bedürfnisse von Menschen sein, die wir betreuen und begleiten. Wenn man eine Strategie gefunden hat, mit der man einem Menschen, der eine bestimmte Verhaltensweise zeigt, gut helfen kann, dann ist es oft sinnvoll, sich diese Strategie zu merken und immer wieder einzusetzen. Bei einer Kurzbegegnung, deren Schwerpunkt auf dem empathischen Beisammensein liegt, geht es nicht darum, möglichst viel Abwechslung zu bieten, sondern es geht darum, vorhandene Momente zu nutzen, um die Lebenszufriedenheit zu steigern.

Empathie

Die Zeit „nutzen", „helfen", „Koregulation" – das alles klingt nach einem sehr aktiven Vorgehen, nach einer inhaltlich ausgeklügelten Strategie oder gar einem Punkte-Plan, den man nur abarbeiten muss, und am Ende kommt eine zufriedene betreute Person dabei heraus. Genau das soll die empathische Kurzbetreuung aber nicht sein. Nicht, dass wir das nicht wollten. So einfach funktioniert es in der Realität aber leider nicht. Empathisch mit einem Menschen umzugehen, heißt in erster Linie, da zu sein. Den anderen zu spüren. Hinzuhören, hinzuschauen, ein Stück auf dem Weg des anderen mitzugehen. „Der Weg ist das Ziel." Viel zu oft hören wir das Wort „nur", wenn Menschen, die sich um Pflegebedürftige kümmern, von ihrer Arbeit sprechen:

> „Der Bewohner möchte nichts anderes machen, er möchte sich *nur* unterhalten."
> „Mir fällt da *nur* ein, die Hand des Tagesgasts zu halten."

Streichen Sie das „Nur" aus den Sätzen und lassen Sie die Aussagen so stehen:

> „Der Bewohner möchte nichts anderes machen, er möchte sich unterhalten."
> „Mir fällt da ein, die Hand des Tagesgasts zu halten."

Manchmal ist für die Begegnung kein Methodenzauber, kein zusätzliches Material, keine Brücke nötig. Manchmal entsteht der Kontakt einfach so, und das ist wunderschön und dann, wenn es geschieht, genau richtig.

Wir Menschen sind empathische Wesen und fühlen uns in andere Menschen hinein. Dass wir Gefühle anderer Menschen nachempfinden, können wir nutzen, verstärken und professionell betrachten, um uns zu distanzieren. Am wichtigsten ist allerdings, dass wir, wenn wir etwas nachempfunden haben, entscheiden müssen, wie wir handeln.

Fälschlicherweise wird das Vorhandensein von Empathie oft damit gleichgesetzt, dass auch im Sinne des anderen Menschen gehandelt wird. Das kann so sein. Muss es aber nicht. Ich kann etwas nachempfinden und dann ignorieren. So, wie ich meine eigenen Gefühle und Bedürfnisse unterdrücken oder beiseiteschieben und auch gegen mein eigenes Wohlbefinden handeln kann. Dass ich meine eigenen Gefühle und Bedürfnisse spüre, heißt also noch nicht, dass ich sie als Indikator nutze, um mein Wohlbefinden zu steigern. Genauso ist es bei den Bedürfnissen und Gefühlen, die ich bei einem anderen Menschen wahrnehme. Dass wir Empathie empfinden, sagt noch nichts darüber aus, wie wir damit umgehen.

Hinzu kommt, dass wir mit dem, was wir nachempfunden haben, auch falsch liegen können. Wir sind kein leeres Blatt, das die Informationen aus der Beobachtung eines anderen Menschen wertfrei aufnimmt. Wir bringen unsere eigene Geschichte mit, wir bringen unsere eigenen Gefühle mit und beobachten aus unserer eigenen Perspektive mit unserer eigenen Haltung. Das alles beeinflusst, was wir sehen und empfinden können, wenn wir einen anderen Menschen sehen.

Wenn wir mit Menschen arbeiten, die selbst keine Auskünfte mehr über die eigenen Bedürfnisse und Gefühle geben können, dann sind unsere Beobachtungen der wichtigste Schlüssel für unsere Arbeit. Rückversichern können wir uns, indem wir unsere Beobachtungen reflektieren und mit Kolleginnen und Kollegen oder Angehörigen darüber sprechen.

Wenn wir mit Menschen arbeiten, die selbst noch Auskunft über die eigenen Bedürfnisse und Gefühle geben können, dann kann es hilfreich sein, wenn wir uns ein wenig mit empathischer Gesprächsführung auseinandersetzen.

Empathische Gesprächsführung

Als Menschen sind wir auf den Austausch mit anderen Menschen angewiesen. Egal, wie autonom, wie selbstständig wir sind, es liegt in der menschlichen Natur, auf andere Menschen angewiesen zu sein. Das trifft auch im Alter und mit dem Erleben der eigenen Pflegebedürftigkeit zu.

Zuhören ist nicht nur eine professionelle Kompetenz, die Pflegende und Betreuende brauchen. Es ist eine Fähigkeit, die wichtig für alle Menschen ist. Doch der Alltag der Menschen ist hektisch, die Medienvielfalt erschlagend und die Zeit knapp. Das führt dazu, dass es oft schon schwierig ist, das eigene Bedürfnis, „gehört zu werden", zu erfüllen. Für die Menschen, die man pflegt und betreut, „da zu sein", wird dementsprechend schwieriger. Dass in Einrichtungen der Altenhilfe oft Zeitmangel und Hektik anzutreffen sind, ist weitestgehend bekannt. Wenn Hektik und Zeitmangel an der Tagesordnung sind, wirkt sich das auf die pflegebedürftigen Menschen aus. In der Praxis hört man von Pflegebedürftigen manchmal Sätze wie:

> „Die Schwestern haben immer so viel zu tun …"
> „Ich will Ihnen nicht zur Last fallen." Oder:
> „Lassen Sie mal, ich weiß, wie viel Stress Sie haben."

Das ist lieb gemeint, und in der Regel sind es einfach wahre Sätze. Den Sätzen liegt allerdings ein Gefühl zugrunde, das es den Pflegebedürftigen schwer macht, sich mitzuteilen.

Vielleicht arbeiten Sie in einer Einrichtung, in der das Personal es schafft, Ruhe und Gelassenheit auszustrahlen und in der die Rahmenbedingungen besser geeignet sind, eine vertrauensvolle Atmosphäre für ein Gespräch zu schaffen. Falls nicht, haben Sie sich wahrscheinlich schon selbst eine professionelle Ausstrahlung antrainiert, mit der Sie Sicherheit und Ruhe vermitteln können. Oder Sie können anfangen, das zu trainieren. In diesem Fall dienen Sie als Insel im Sturm, als Partner im Trubel. Die Anforderungen, die dabei an Sie gestellt werden, sind unglaublich hoch, und es ist wichtig, dass Sie Werkzeuge kennen, um auch auf Ihr eigenes Wohlbefinden zu achten und um auf eigene Überforderung, die bei jedem von uns mal auftreten kann, angemessen zu reagieren. Wertschätzung beginnt bei uns selbst.

Verständnisprobleme

Was für ein Segen es ist, wenn die Menschen uns noch selbst Auskunft geben können und wenn wir Bedürfnisse in einem Gespräch ermitteln können, merken wir immer besonders dann, wenn die Sprache bei anderen fehlt. Doch an dieser Stelle wollen wir uns vor allem mit den Menschen auseinandersetzen, die sich noch mit uns unterhalten können. Der häufigste Grund dafür, dass wir die Bedürfnisse dieser Menschen nicht erkennen, ist der, dass wir nicht richtig zuhören, uns nicht richtig auf unser Gegenüber einlassen und zu sehr mit unseren eigenen Bedürfnissen beschäftigt sind, um das, was der Gesprächspartner sagt, richtig zu verstehen. „Zu sehr mit den eigenen Bedürfnissen beschäftigt zu sein" mag für manchen wie eine harsche Kritik erscheinen. Das soll es an dieser Stelle nicht sein, es soll nur ein Bewusstsein schaffen. Ein Beispiel: Wenn man die Kurzbegegnung kurz „einschiebt", weil man bei dem Menschen noch etwas dokumentieren muss, dann ist man im Kopf vielleicht schon mehr bei der Dokumentation als bei dem Menschen, den man gerade betreut. „Das Dokumentieren" hat in dem Moment nichts mit dem Bedürfnis der betreuten Person zu tun, es hat etwas mit uns und unserer Arbeit zu tun. Es ist unser Problem.

Weniger offensichtlich ist das eigene Bedürfnis, schnell zu helfen. Das ist schließlich etwas Gutes, oder? Ein schneller Tipp, ein kurzer Ratschlag, eine Beschwichtigung, etwas Ablenkung - und alles ist wieder gut. Man hat dem Menschen geholfen. Man war erfolgreich. Vielleicht - oft auch nicht.

Das Problem ist, dass wir in diesem Fall unsere eigene Reaktion in den Mittelpunkt stellen und nicht so sehr das, was die Person uns eigentlich mitteilen möchte.

Wenn wir Empathie zeigen, sind wir eher zurückhaltend und still. Wir begleiten unser Gegenüber beim Erzählen, wir übernehmen nicht die Richtung des Gesprächs, wir folgen dem Weg, den die andere Person gewählt hat.

Doch um die Aufmerksamkeit voll auf den betreuten Menschen zu richten, müssen wir unsere eigenen Bedürfnisse in diesem Moment konsequent zurückstellen. So einfach dies auch klingt - in der Praxis kann es immer mal wieder misslingen. Das ist okay. Schön ist, wenn wir es bemerken und überlegen, wie wir in zukünftigen Gesprächen besser reagieren können.

10 Tipps für die empathische Gesprächsführung

Das Wichtigste bei der empathischen Gesprächsführung ist, dass wir ehrlich sind. Das ist auch das Schwierigste daran. An dieser Stelle ein paar grundlegende Tipps, die in der Praxis hilfreich sein können.

1. Schaffen Sie nach Möglichkeit einen ablenkungsfreien Raum.
2. Stellen Sie Ihre eigenen Bedürfnisse zurück.
3. Fokussieren Sie sich auf den Menschen.
4. Vermeiden Sie es, Ihr Gegenüber zu unterbrechen.
5. Versetzen Sie sich mental in die Lage Ihres Gegenübers.
6. Nehmen Sie auch Mimik, Gestik, Stimmlage und Körpersprache in sich auf.
7. Versuchen Sie, den Menschen zu verstehen.
8. Bestärken Sie den Menschen darin, sich auszudrücken.
9. Wiederholen Sie Worte des Menschen, und fassen Sie Aussagen zusammen.
10. Validieren Sie Gefühle, indem Sie Verständnis dafür äußern.

Wenn Sie sich die Tipps gut ansehen, werden Sie feststellen, dass ein großer Teil davon sich sogar umsetzen lässt, wenn wir mit Menschen arbeiten, die nicht mehr verbal mit uns sprechen. Zu einem empathischen Gespräch gehört viel mehr als das gesprochene Wort, und die benötigte Grundhaltung ist die gleiche.[4]

Ein paar Worte zum ergebnisorientierten Arbeiten

Wenn wir schreiben, dass „der Weg das Ziel ist", dann steht das Produzieren eines sichtbaren Ergebnisses während der empathischen Kurzbegegnung selbstverständlich nicht im Mittelpunkt.

4 Vgl. Michaeel P. Nichols (2018), Die Macht des Zuhörens. Wie man richtiges Zuhören lernt und Beziehungen stärkt, 1. deutsche Auflage, Narayana Verlag, Kandern.

Trotzdem kann es sein, dass die Menschen, die man begleitet, sich darüber freuen, gemeinsam etwas zu produzieren. In vielen unserer Extratipps stellen wir kleine Bastelarbeiten vor, und wir haben auch einen Abschnitt zum Thema „Stempeln" hinzugefügt.

Wann es sinnvoll ist, diese Tipps einzusetzen, müssen Sie wie immer individuell in der Praxis entscheiden. Bei Menschen mit einer demenziellen Erkrankung sind kleine Bastelarbeiten in einer Eins-zu-eins-Kurzbegegnung oft einfacher umzusetzen als in der Gruppe. So können genau die Schritte durchführt werden, die noch im Möglichkeitsbereich der Person liegen, und Überforderung kann vermieden werden. Eine Kurzbegegnung kann auch mit mehreren Teilnehmenden nacheinander durchführt werden. So müssen Sie das Material nur einmal vorbereiten und haben keinen unverhältnismäßig hohen Vorbereitungsaufwand.

Es gibt viele Seniorinnen und Senioren, die sich freuen, wenn sie selbst etwas hergestellt haben, die Stolz empfinden, etwas produziert zu haben, die das Schaffen eines Ergebnisses als sinnstiftend empfinden. Diese Menschen haben dadurch ein Erfolgserlebnis. Durch unser Angebot, etwas zu gestalten oder zu erschaffen, geben wir diesen Menschen einen Glücksmoment. Genau für diese Zielgruppe sind die Tipps zum ergebnisorientierten Arbeiten gedacht.

Wann wir den Gedanken an ein Ergebnis über Bord werfen

Vielleicht denken wir manchmal, eine ergebnisorientierte Bastel- oder Malarbeit wäre das richtige Angebot für jemanden. Doch dann nutzt die Person das Material, das wir bereitstellen, auf ganz andere Weise als vorgesehen, und wir sehen unserem Gegenüber an, dass der gestalterische Prozess etwas in ihm auslöst. Was dann? Nun, offensichtlich kann der gestalterische Prozess andere Bedürfnisse in dem Menschen befriedigen als die, auf die wir uns fokussiert hatten. Das ist in Ordnung. Wir haben das gestalterische Angebot ja nicht ausgewählt, damit *wir* hinterher etwas in den Händen halten, auf das wir stolz sind, sondern unsere Absicht war, damit ein Bedürfnis unseres Gegenübers zu befriedigen. Schön, dass die Person die Ressource hat, uns ihr Bedürfnis zu zeigen. In diesem Moment stellen wir uns flexibel auf die Situation ein, die sich verändert hat, und verwerfen den Gedanken an ein bestimmtes Ergebnis. Es wird nicht gebraucht. Der Sinn der Kurzbegegnung liegt nicht im gezielten Erschaffen eines Ergebnisses, sondern in dem, was wir in den Mitmachenden auslösen. Die Kurzbegegnung kann auch so gelungen sein.

Ergebnisorientiertes Arbeiten kann natürlich auch anders verstanden werden. Besonders diejenigen unter Ihnen, die in einer Einrichtung der Altenhilfe tätig sind, arbeiten mit Zielen, zu deren Erreichung sie Maßnahmen planen. Die empathische Kurzbegegnung kann eine solche Maßnahme sein und für viele unterschiedliche Ziele genutzt werden.

Zeitmanagement

Auch für die empathische Kurzbegegnung brauchen Sie Zeit. Begegnungen brauchen Zeit. Wir Menschen brauchen Zeit für unser Miteinander. Im Alltag haben wir oft zu wenig davon. Gerade in der stationären oder teilstationären Altenpflege ist die Diskrepanz zwischen der Zeit, die wir brauchen und uns wünschen, und der Zeit, die wir dann tatsächlich haben, besonders groß. Das löst bei vielen Mitarbeitenden im Bereich der Altenpflege einen hohen inneren Druck und negative Gefühle aus. Manchmal sogar Schuldgefühle.

Mehr Zeit können wir Ihnen leider nicht schenken. Aber wir können Ihnen einige Erfahrungen und Tipps mit auf den Weg geben, die Ihnen helfen, die Zeit, die Ihnen zur Verfügung steht, bestmöglich zu nutzen und einzuteilen.

In vielen Seminaren, Fachbüchern und Ratgebern steht, dass im Alltag immer Zeit für eine kurze Begegnung sei. Ein paar Minuten Zeit habe man auch im durchgeplanten Alltag immer. Fakt ist allerdings, dass wir ja nicht nur einmal die fünf, zehn oder fünfzehn Minuten für eine kurze Begegnung brauchen.

Betrachten wir die klassischen zehn Minuten einmal für ein Beispiel: Bei dem Gedanken an zehn Minuten ist schnell das Gefühl da, dass dies machbar sei. Zu den zehn Minuten Begegnung kommt allerdings auch eine Vorbereitungszeit, die man mit einplanen muss. Zudem bleibt es in der Praxis tatsächlich nicht bei einer Kurzbegegnung am Tag. Rechnen wir im Durchschnitt mit zehn Menschen, denen wir am Tag eine kurze Begegnung anbieten, sind wir schnell bei 100 Minuten. Das sind fast zwei Stunden – ohne Vorbereitungszeit und die Zeit, die Sie brauchen, um von einem Zimmer ins nächste zu kommen. Diese Zeit hat man im Alltag nicht „mal eben" übrig. Das ist in der Praxis nicht machbar, jedenfalls nicht, wenn die Begegnung empathisch, intensiv und auf Augenhöhe sein soll.

Planen Sie die Kurzbegegnung unbedingt fest in Ihren Alltag mit ein. Wenn möglich, zu einem festgelegten Zeitpunkt.

Nehmen Sie sich vor der Begegnung Zeit, um nachzufühlen, wie es Ihnen selbst geht. Auch Ihre Tagesform und das, was Sie beschäftigt und bewegt, nehmen Sie mit in die Kurzbegegnung. Es ist wichtig, dass uns das im Alltag bewusst ist. Nicht nur das, was die Menschen, die wir begleiten, mitbringen, sondern auch unsere eigenen Gefühle, Gedanken und Erfahrungen fließen in alle unsere Begegnungen mit ein.

Hilfreich sein kann hier, für einen Augenblick tief durchzuatmen. Innezuhalten. Sich zu fragen:

> Wo stehe ich gerade selbst?
>
> Bin ich in der Lage, eine Kurzbegegnung zu strukturieren und ganz da zu sein? In dem einen Moment?
>
> Wie kann ich da sein? Kann ich gerade in biografiebezogenen Gesprächen, die negative Gefühle auslösen könnten, diese negativen Gefühle auffangen? Den Menschen auffangen, der mir hilflos gegenübersteht? Egal, wie er sich ausdrückt? In Trauer, Verzweiflung, Wut oder totaler Gefühllosigkeit? Weil die Gefühle, die kommen würden, gar nicht aushaltbar wären?

Wenn Sie eine dieser Fragen mit „Nein" beantworten würden, überlegen Sie, ob Sie in die Kurzbegegnung gehen können oder ob Sie sie zu einem anderen Zeitpunkt durchführen. Vielleicht möchten Sie auch variieren, was Sie als Inhalt der Kurzbegegnung wählen: Eine Kurzbegegnung, in der man die Verbindung zu dem anderen Menschen über einen Luftballon oder Seifenblasen aufbaut, ist emotional weniger belastend als ein tiefergehendes biografisches Gespräch.

Für die inhaltliche Gestaltung der Kurzbegegnungen ist es ratsam, wenn Sie sich einen Überblick über die im Buch vorgestellten und verwendeten Materialien verschaffen und schauen, welche davon für die von Ihnen betreuten Menschen geeignet sind. Bereiten Sie alle Materialien vor, die für Sie und Ihre Seniorinnen und Senioren infrage kommen. Stellen Sie sich nach und nach Materialsammlungen zusammen, haben Sie ein geeignetes Standardrepertoire davon immer sortiert griffbereit, und behalten Sie im Hinterkopf, wie und wo Sie schnell an (jahreszeitliche) Naturmaterialien kommen. Kopieren Sie die Vorlagen für die Wort- und Bildkärtchen, laminieren und schneiden Sie sie zurecht. In kleinen Dosen, Kästchen oder auch Plastiktüten können die Karten gut von anderen Spielen und Kärtchen getrennt in einem Materialschrank gelagert werden. Mit dieser Vorbereitung haben Sie immer Material zur Hand, das sofort einsatzbereit ist, sodass Sie danach keinen weiteren Zeitaufwand haben.

Haben Sie im Hinterkopf, ob und wie Sie Ihr Angebot dokumentieren müssen. Das kommt auf das jeweils verwendete Dokumentationsmodell an und ist von Einrichtung zu Einrichtung verschieden. Berücksichtigen Sie, dass Sie eventuell ursprünglich nicht geplante Maßnahmen dokumentieren müssen. Planen Sie dafür ggf. zusätzlich Zeit ein. Ist die Art Ihrer Begegnung für die betreute Person im Konzept hinterlegt und als Maßnahme eingetragen, macht das die Dokumentation in der Regel einfacher.

Haben Sie Mut, auch ohne Material in die Kurzbegegnung zu gehen. Nicht jede Form der Begleitung muss für andere sichtbar und greifbar sein. Begegnen Sie Ihrem Gegenüber in dem einen Moment. In dem einen gegenwärtigen Augenblick. Im Hier und Jetzt. In all dem, was von außen und innen da ist. In allem, was da sein darf. Nehmen und schätzen Sie die Impulse aus dem Moment, um mit Ihrem Gegenüber für die kurze Zeit der Begegnung in Resonanz zu gehen und den Augenblick miteinander zu verbringen.

Es kommt nicht auf die Minute an. Eine kurze Begegnung hat keine festgelegte zeitliche Vorgabe. Keinen festgelegten Rahmen. Und doch hat man unbewusst oder auch bewusst einen Rahmen, in dem man sich bewegen kann und auch darf. Es kommt allerdings nicht auf die eine Minute mehr oder weniger an. Wenn es der Situation und dem Befinden Ihres Gegenübers entsprechend notwendig ist, dürfen Sie bzw. sollten Sie sogar länger bleiben. Wenn Sie negative Gefühle auffangen mussten, sollten Sie das zusätzlich im Nachhinein an Mitbetreuende und Pflegende weitergeben, damit die Seniorinnen und Senioren auch in anderen Händen weiterhin gut aufgehoben sind.

Wie geht es dem Gegenüber? Nicht jeder Tag ist gleich. Nicht immer fühlt sich alles gut und richtig an. Nicht immer hat man Lust auf jede Begegnung. Und das ist vollkommen in Ordnung. So geht es uns selbst auch. Passen Sie Ihr Angebot der Situation entsprechend an. Achten Sie auf das Befinden und die Gefühle Ihres Gegenübers und verändern Sie Ihr Angebot gegebenenfalls. Auch die Variante, die Begegnung kürzer oder länger als geplant zu halten, ist möglich und im entsprechenden Fall sinnvoll und unabdingbar.

Impulse für die Kurzbegegnung

Im Praxisteil dieses Buches finden Sie viele Anregungen, um kurze Begegnungen mit den Menschen, die Sie pflegen oder betreuen, zu gestalten. Wir haben die Anregungen in drei große Gruppen aufgeteilt:

1. Eisbrechende Klassiker
2. Sinnlich zueinander finden
3. Erinnerungen, die verbinden

Die Vorschläge zum Einsatz der „Eisbrechenden Klassiker" und die Vorschläge im Kapitel „Sinnlich zueinander finden" beinhalten zunächst immer sehr niederschwellige Ansätze und steigern sich hin zu Vorschlägen, die sich eher mit fitteren Mitmachenden umsetzen lassen.

Bei den „Eisbrechenden Klassikern" werden viele Alltagsmaterialien und bewährtes Betreuungsmaterial eingesetzt, Dinge, die Sie schnell zur Hand haben oder die vorausschauend besorgt und immer wieder eingesetzt werden können. Dinge, die man in die Hand nehmen kann, die betrachtet werden wollen und die sich auf vielfältige Weise nutzen lassen. Dabei handelt es sich um Materialien, die nahezu jeder kennt und die damit eine gewisse Vertrautheit mitbringen.

Im Abschnitt „Sinnlich zueinander finden" haben wir Anregungen zu Materialien untergebracht, die die Sinne ansprechen: Dinge, die man riechen, schmecken und fühlen kann. Die Stimulation der Sinne, das Schärfen der Wahrnehmung wird mit vielen kleinen Ideen ermöglicht.

Hinter „Erinnerungen, die verbinden" verbirgt sich der Abschnitt des Buches, in dem wir kleine Impulse für die Biografiearbeit aufbereitet haben. Der Abschnitt lässt sich eher mit Teilnehmenden einsetzen, die keine fortgeschrittene neurodegenerative Erkrankung haben. Wir haben darauf geachtet, besonders Anregungen zu geben, die Ressourcen zutage fördern können und eine positive Auseinandersetzung mit dem eigenen Leben ermöglichen.

Alle drei Abschnitte haben gemeinsam, dass ihnen der „Alles kann – nichts muss"-Gedanke zugrunde liegt. Manche der Impulse sind für die Kurzbegegnung mit Einzelpersonen bestimmt und manche auch für kleine Gruppen. Manche Impulse sind für fittere Teilnehmer besser geeignet, andere eignen sich für Menschen mit fortschreitender Demenz. Nehmen Sie die Impulse auf, die für Ihr Setting und für Ihre Teilnehmenden passen. Wenn Sie weniger brauchen, um mit den Menschen in Kontakt zu treten, dann nutzen Sie unbedingt weniger!

Eisbrechende Klassiker

Die Ideen, die wir unter den eisbrechenden Klassikern für Sie gesammelt haben, sind Anregungen, aus denen Sie die für sich und Ihre Zielgruppe passenden Ideen heraussuchen können. Nutzen Sie sie als Impulse, um Ihren eigenen Weg in der Begegnung zu finden. Nur Sie sehen die Seniorinnen und Senioren, mit denen Sie gerade in den Kontakt gehen. Nur Sie können die Reaktionen auf Ihr Angebot sehen und müssen diese einschätzen.

Wie reagieren die Seniorinnen und Senioren auf das angebotene Material?
Wie kann die Körpersprache gedeutet werden?
Was lesen Sie aus der Mimik der Teilnehmenden?
Was sagt der Mensch, dem Sie gerade begegnen?

Viele kleine Informationsteile ergeben einen Gesamteindruck, auf dessen Grundlage Sie Entscheidungen für Ihr eigenes Handeln treffen. Möchten Sie den Mitmachenden noch Anregungen geben. Oder ist das Wahrnehmen des Materials vielleicht schon genug?

Bedenken Sie – besonders, wenn Sie mit Menschen mit Demenz arbeiten –, dass diese manchmal etwas mehr Zeit brauchen, um Reize, auch solche, die wir gezielt anbieten, zu verarbeiten. Es ist nicht selten, dass Reaktionen mit einer deutlich zeitlichen Verzögerung auftreten. Seien Sie sich dieser Tatsache bewusst und geben Sie den Mitmachenden lieber einen Moment länger Zeit, bevor Sie weitere Impulse in der Kurzbegegnung setzen.

1 Luftballons

Luftballons vermitteln eine unglaubliche Leichtigkeit. Sie sind bunt, nahezu schwerelos und haben einen hohen Aufforderungscharakter.

Material

- ausreichend Luftballons und eine Ballonpumpe
- Bänder zum Anknoten
- Sand
- 1 Trichter und 1 Löffel

Vorbereitung: Pumpen Sie Luftballons mit einer Ballonpumpe auf. Knoten Sie ggf. Bänder an einzelne Luftballons. Füllen Sie einige Luftballons mithilfe des Trichters und des Löffels mit Sand und knoten Sie sie zu.

Ablauf

Die Kurzbegegnung kann sowohl im Sitzen als auch im Stehen durchgeführt werden. Die sicherere Variante ist wie immer die im Sitzen. Sie können am besten einschätzen, welche der folgenden Übungen für Ihre Teilnehmenden individuell machbar sind. Je nach Fähigkeiten und Ressourcen der Mitmachenden können die vorgeschlagenen Übungen sowohl einzeln angeboten als auch miteinander kombiniert werden.

- Einen Luftballon vorsichtig auf der geöffneten Handfläche balancieren.
- Einen Luftballon in die Luft werfen und wieder auffangen.
- Den Luftballon mit der einen Hand in die Luft werfen und mit der anderen Hand auffangen.
- Einen Luftballon über einen Tisch pusten.
- Mehrere Luftballons über einen Tisch pusten und schauen, welcher am weitesten fliegt oder am schnellsten am anderen Ende ist.
- Einen Ballon an einem Band auf- und abbewegen.
- Einen mit Sand gefüllten Ballon in die Hand nehmen und kneten.
- Den mit Sand gefüllten Ballon über den Boden oder einen Tisch rollen.
- Beobachten, welcher gefüllte Ballon mit einem Schwung am weitesten rollt.

Gefüllte Ballons

Extratipps

Material

- Luftballons
- Materialien zum Füllen (z. B. Erbsen, Mehl, Reis, weiße Bohnen oder Kidneybohnen, Linsen, Sand)
- 1 Trichter und 1 Löffel

So wird's gemacht

Füllen Sie die Ballons mithilfe des Trichters und des Löffels mit den verschiedenen Materialien – immer eine Sorte in einen Ballon. Knoten Sie die Ballons zu. Diese Ballons können als Wahrnehmungsanregung dienen und in die Hand genommen und befühlt werden.

Eine andere Variante ist die Erstellung eines Zuordnungsspiels. Füllen Sie dafür in je zwei Ballons die gleichen Materialien. Je nach Zielgruppe erleichtert es das Zuordnen, wenn die zusammengehörigen Ballons auch die gleiche Farbe haben. Durch Fühlen sollen die Paare gefunden werden. Die Anzahl der Paare machen Sie von den Ressourcen der Teilnehmenden abhängig.

Laternen

Material

- Luftballons
- Kleister
- Transparentpapier in mehreren Farben
- kleine Eimer
- evtl. Pinsel
- Schere
- elektrisches Teelicht oder kurze Lichterkette

So wird's gemacht

Blasen Sie einen Ballon auf – nicht zu groß. Wenn er in eine Hand passt (Durchmesser ca. 10–15 cm), ist das vollkommen ausreichend. Nun wird das Transparentpapier in kleine Stück zerrissen und mit Kleister in mehreren Schichten auf den Ballon geklebt. Der Kleister kann mithilfe eines Pinsels oder der Finger aufgetragen werden. Verteilen Sie ihn ruhig großzügig. Das obere Viertel rund um den Knoten wird freigelassen. Den Ballon können Sie während des Klebens auf den kleinen Eimer legen. Nach dem Trocknen wird der Ballon über die freigelassene Stelle herausgeschnitten. Damit die Laterne standfest ist, drücken Sie den Boden einfach ein bisschen ein. Mit einer Lichterkette oder einem elektrischen Teelicht wird daraus eine schöne, farbenfrohe Laterne.

Schätzen Sie selbst ein, in welchem zeitlichen Umfang die Teilnehmenden die Bastelarbeit umsetzen können. Eventuell teilen Sie die einzelnen Schritte in drei Kurzbegegnungen auf: In der ersten wird das Transparentpapier zerrissen, in der zweiten der Ballon beklebt und nach dem Trocknen in der dritten die Laterne vollendet.

2 Seifenblasen

Seifenblasen sind einfach faszinierend. Sie schillern, sie fliegen, sie werden von uns erschaffen. Für einen Augenblick nehmen sie uns mit auf ihre Reise.

Material

- 1 Seifenblasen-Fläschchen pro Person

Ablauf

Am besten lässt sich eine Kurzbegegnung mit Seifenblasen im Außenbereich durchführen. Sollten Sie Seifenblasen im Innenbereich einsetzen, achten Sie bitte darauf, dass durch die geplatzten Seifenblasen keine Rutschgefahr entsteht. Setzen Sie sich gemeinsam mit der/dem Teilnehmenden hin. Wenn es eine Person ist, die gerne läuft, lässt sich diese Kurzbegegnung auch in Bewegung durchführen. Hier sind Ideen, die Sie in die Kurzbegegnung einbauen können. Entscheiden Sie in der Situation spontan, welche Idee mit der jeweiligen Person funktioniert, und nutzen Sie diese flexibel:

- Sie pusten die Seifenblasen und beobachten sie einfach nur gemeinsam mit der/dem Teilnehmenden.
- Die/den Teilnehmenden selbst Seifenblasen pusten lassen.
- Versuchen, die Seifenblasen mit den Händen zum Platzen zu bringen, bevor sie von allein platzen.
- Beobachten, welche Seifenblasen am höchsten oder am weitesten fliegen.
- Schauen, welche Seifenblase am größten ist.
- Gleichzeitig Seifenblasen pusten und schauen, wessen Seifenblasen am größten sind oder am höchsten oder weitesten fliegen.
- Versuchen, Seifenblasen wieder mit dem Seifenblasenring einzufangen und mehrere Seifenblasen aufeinanderzusetzen.
- Versuchen, eine Seifenblase mit der Hand zu fangen, ohne dass sie zerplatzt.

Malen mit Seifenblasen

Extratipp

Material

- 3 Seifenblasen-Fläschchen
- 3 Fläschchen flüssige Lebensmittelfarbe (unterschiedliche Farben)
- Papier
- Blanko-Karten
- bunter Tonkarton

So wird's gemacht

Mit Seifenblasen kann man Bilder entstehen lassen. Geben Sie in jede Seifenblasenflasche ein paar Tropfen von einer der Lebensmittelfarben – nicht zu viel, sonst platzen die Seifenblasen sehr schnell. Fordern Sie die Teilnehmenden auf, die Seifenblasen mit einem Abstand von ungefähr 30 cm direkt auf ein Stück Papier zu pusten. Wir empfehlen die Umsetzung im Außenbereich und mit unempfindlicher Kleidung.

Auch Karten lassen sich dadurch ganz schnell zaubern. Sie lassen sich mit lieben Wünschen und Grüßen verschicken. Auf Tonkarton geklebt, werden die fertig gestalteten Karten zu einem eindrucksvollen Hingucker, den man sogar einrahmen kann.

3 Bälle

Es gibt sie in groß, in klein, in hart und weich, in schwer und leicht – Bälle. In der Kindheit sind sie ein beliebtes Spielzeug, und im Sportbereich sind sie nicht mehr wegzudenken. Bälle haben, wie Luftballons auch, einen hohen Aufforderungscharakter. Hat man einen Ball in der Hand oder am Fuß, möchte man unweigerlich etwas damit machen. Beobachten Sie, was passiert.

Material

- Bälle in verschiedenen Größen, Materialien und Farben (z. B. Fußball, Softball, Gymnastikball, Tennisball, Tischtennisball …)

Ablauf

Diese Kurzbegegnung können Sie sowohl im Innen- als auch im Außenbereich anbieten. Am sichersten ist es, die Übungen und Ideen mit den Seniorinnen und Senioren im Sitzen (rund um einen Tisch) durchzuführen. Haben die Mitmachenden ausreichend Gleichgewicht, ist es natürlich auch im Stehen möglich.

Im Stuhlkreis am Tisch:

- Nehmen Sie die Bälle einzeln in die Hand und beschreiben Sie, wie sich die Oberfläche anfühlt, ob der Ball groß oder klein ist, leicht oder schwer.
- Rollen Sie den Seniorinnen und Senioren die Bälle einzeln über einen Tisch zu (dann müssen sie sich nicht bücken). Die Mitmachenden beschreiben, wie sich der Ball anfühlt.
- Die Teilnehmenden wählen einen Ball aus und rollen ihn auf dem Oberschenkel mit der offenen Hand vor und zurück.
- Auf dem Tisch kleinere kreisende Bewegungen mit dem Ball machen; wenn möglich, nur eine Hand dafür benutzen.
- Die Übung mit einem anderen Ball wiederholen.
- Einen Ball im Stuhlkreis von einem zum Nächsten reihum weitergeben; dann den Ball in entgegengesetzter Richtung von einem zum Nächsten zurückgeben.
- Einen Ball über den Tisch hin- und zurückrollen, jeweils zwei Partner sitzen sich dabei gegenüber.

Im Stuhlkreis ohne Tisch:

- Zwei sich gegenübersitzende Personen schießen sich vorsichtig einen Ball zu, alternativ Sie und eine teilnehmende Person.
- Ein großer Gymnastikball kann reihum weitergerollt oder zwischen einander gegenübersitzenden Seniorinnen und Senioren hin- und hergerollt werden.
- Die Bälle werden benannt – zu welcher Sportart gehören sie?
- Die Bälle werden nach ihrer Größe sortiert.
- Welcher Ball ist der schwerste, welcher wiegt am wenigsten? Die Mitmachenden sortieren die Bälle von „schwer" nach „leicht".

Flummi-Bilder aus dem Schuhkarton

Extratipp

Material

- 1 Schuhkarton pro Person
- Papier in der Größe der Schuhkarton-Böden
- Acrylfarben in 3–4 Farbtönen
- kleine Flummis (2–3 je Schuhkarton)

Legen Sie ein Blatt Papier in jeden Schuhkarton. Träufeln Sie an verschiedenen Stellen kleine Kleckse einer Acrylfarbe darauf und legen Sie die Flummis in den Karton. Nun sind die Teilnehmenden an der Reihe: Sie bewegen ihren Karton hin und her, sodass die Flummis durch die Farbe rollen und sie auf dem Papier verteilen. Ist die erste Farbe verteilt, werden ein paar Kleckse der zweiten Farbe auf das Papier gegeben. Dann dürfen die Flummis wieder hin- und herrollen. Das Gleiche geschieht mit der dritten Farbe. Die Bilder sehen großartig aus und sind allesamt Unikate, die ein spürbares Erfolgserlebnis schaffen.

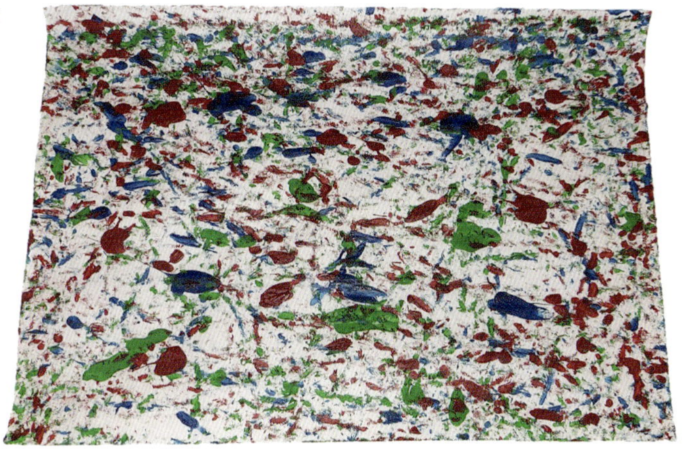

4 Bierdeckel

Man sieht sie in Bars, Kneipen und Restaurants. Wenn wir darüber nachdenken, wird uns wahrscheinlich schnell bewusst werden, dass wir dort viel mit ihnen zu tun haben. Manch einer fummelt während einer Unterhaltung gerne an ihren Ecken herum. Ein anderer dreht die Deckel fortwährend von der einen auf die andere Seite. Der Nächste stellt zwei Bierdeckel zu einem Dach auf. Früher noch viel häufiger als heute dienten die Deckel für den Wirt oder die Bedienung als Merkhilfe, wie viele Getränke der einzelne Gast schon verzehrt hat. Nehmen Sie Bierdeckel mit in die nun folgende Kurzbegegnung.

Material

- pro Person mehrere Bierdeckel
- 1 Tablett
- 1 Tuch

Ablauf

Legen Sie die mitgebrachten Bierdeckel auf das Tablett und bieten Sie den Mitmachenden das Tablett einladend an. Warten Sie einen Augenblick die Reaktion der Seniorinnen und Senioren ab und versuchen Sie einzuschätzen, ob die Kurzbegegnung von Ihnen initiiert werden muss oder ob Ihr Gegenüber selbst eine Idee hat, wie sie oder er diese Begegnung gestalten könnte. Suchen Sie aus den hier vorgestellten Ideen diejenigen aus, die zu den Ressourcen und Fähigkeiten Ihrer Seniorinnen und Senioren passen. Gestalten Sie die Kurzbegegnung der Situation entsprechend und verändern Sie sie gerne nach Bedarf.

- Mehrere Bierdeckel in die offene Hand legen, den Arm langsam ausstrecken und wieder zum Körper bewegen.
- Mehrere Bierdeckel von einer Hand in die andere legen.
- Bierdeckel nach Aufdruck sortieren; wenn unterschiedliche Werbung auf den verschiedenen Bierdeckeln abgedruckt ist, die Bierdeckel mit der gleichen Werbung jeweils in eine Gruppe sortieren.
- Bierdeckel auf einer Handfläche zu einem Turm stapeln; als Steigerung auf dem Handrücken und/oder auf der Handfläche der anderen Hand stapeln – wenn es möglich ist.

- Einen Bierdeckel in die Luft werfen und mit beiden Händen wieder auffangen.
- Einen Bierdeckel in die Luft werfen und mit einer Hand wieder auffangen.
- Legen Sie ein Tuch auf den Boden. Die Teilnehmenden werfen die Bierdeckel nacheinander flach hinunter auf das Tuch. Je kleiner das Tuch ist, desto schwieriger wird es, das Tuch zu treffen.
- Die Teilnehmenden sitzen in einem Stuhlkreis und halten jeweils in der rechten Hand einen Bierdeckel. Nun werden die Bierdeckel gleichzeitig an den rechten Nachbarn weitergegeben. Dabei müssen die Mitmachenden mit der linken Hand den Bierdeckel des linken Nachbarn annehmen. Nun wandert der Bierdeckel von der linken in die rechte Hand, und die Abfolge beginnt wieder von vorne.

Bierdeckel-Mosaik

Extratipps

Material

- pro Person 1 Bierdeckel (wenn möglich, auf einer Seite unbedruckt)
- Acrylfarben
- Materialien, die man auf die Bierdeckel kleben kann (z. B. Steine, Knöpfe, Muscheln, Kronkorken, Glassteine …)
- 1 Pinsel pro Person
- Klebstoff
- 1 großer Bogen Tonkarton

So wird's gemacht

Gestalten Sie zusammen ein farbenfrohes und individuelles Mosaik aus Bierdeckeln. Die Bierdeckel werden dafür einzeln bemalt und beklebt und nach dem Trocknen zu einem Mosaik zusammengelegt oder auf Tonkarton geklebt. Zunächst grundieren die Teilnehmenden ihren Bierdeckel mit einer Acrylfarbe ihrer Wahl. Kurz antrocknen lassen und dann mit kleinen Deko-Elementen bekleben. Aus allen Bierdeckeln zusammen entsteht zum Schluss ein wunderschönes Mosaik.

Der Vorschlag bietet sich vor allem an, wenn diese Form der Kurzbegegnung mit mehreren Teilnehmenden nacheinander durchgeführt wird.

Bierdeckel-Memo

Material

- 10-12 Bierdeckel (wenn möglich, auf einer Seite unbedruckt)
- Acrylfarben
- 1 Pinsel pro Person

So wird's gemacht

Wenn die Bierdeckel nicht völlig unbedruckt sind, werden sie zunächst mit den Acrylfarben grundiert. Jeweils zwei Bierdeckel werden nun gleich gestaltet, da diese hinterher ein Pärchen bilden sollen. Auf die Grundierung wird ein einfaches Symbol gemalt, zum Beispiel ein Dreieck, ein Kreis, ein Viereck, ein Fragezeichen, ein Herz … Die Anzahl von Paaren, die beim anschließenden Memo-Spielen verdeckt ausgelegt werden, machen Sie von den Ressourcen der Teilnehmenden abhängig.

DER FEINE UNTERSCHIED
ANTICIPATION
PURE MAGIC
McFARLAND
DISCOVER
Zwei Berliner Meisterwerke
Berliner Kindl
TETLEY'S
ENGLISH ALE
THE BEST OF BRITISH BEERS
TENNENT'S
SUPER
BIRRA DI NATALE
BECK'S
Imported from Germany
LAPIN KULTA
BREMEN
DARK
MÄRKISCHER LANDMANN
www.gaffel.de
GUINNESS
Hoegaarden
witbier · bière blanche
SUPER
Leffe
Krombacher
EINE PERLE DER NATUR
HARP
SUPER
CHIMAY
Trappiste
...DELICIOUS
Finest Spirit of Scotland
Xmas
MÄRKISCHER LANDMANN
SCHWARZBIER
BIRRA BELGA D'ABBAZIA DAL 1074
Staropramen
PALE ALE
AMSTEL
BEER
Köstritzer
Schwarzbier
PEGAS
tmavé
Carlsberg
ALL MALT PREMIUM BEER
Apoldaer
VEREINSBRAUEREI APOLDA
KRUŠOVICE
kofola
Schönbr

5 Wolle

Sie ist weich, anschmiegsam und hält warm. Viele Seniorinnen (und vielleicht auch einige Senioren) haben mit Wolle schon so einiges an Handarbeiten für sich selbst, die Familie und Freunde gezaubert. Welche Art Wolle gerne auf der Haut getragen wird, ist Geschmackssache und von Mensch zu Mensch sehr verschieden. Mit dem Wollknäuel im Mittelpunkt dieser Kurzbegegnung öffnen sich für die Mitmachenden viele verschiedene Möglichkeiten.

Material

- mehrere Wollknäuel (unterschiedliches Material und verschiedene Farben)
- Kleidungsstücke aus Wolle (z. B. Schals, Mützen, Pullover)
- Stofftasche oder Korb

Ablauf

Bringen Sie einen Korb oder eine Tasche mit unterschiedlichen Wollknäueln und Kleidungsstücken aus Wolle mit. Bieten Sie den Mitmachenden den Korb oder die Tasche an und beobachten Sie, was passiert. Aus den folgenden Ideen können Sie diejenigen auswählen, die zu den Fähigkeiten Ihrer Teilnehmenden passen, und sie der Situation entsprechend anbieten.

- Die Wollknäuel und Kleidungsstücke aus der Tasche oder dem Korb holen.
- Die verschiedenen Wollknäuel und Kleidungstücke in die Hand nehmen und fühlen.
- Einen Faden von einem Wollknäuel abwickeln und als neues Knäuel wieder aufwickeln.
- Die vorhandene Wolle nach hellen und dunklen Farben sortieren.
- Die Wollknäuel und Kleidungsstücke danach sortieren, ob sie sich angenehm weich oder kratzig anfühlen.
- Die Kleidungsstücke anziehen oder umlegen. Wie fühlen sie sich nun an? Beschreiben Sie selbst, oder lassen Sie die Mitmachenden beschreiben.
- Die Teilnehmenden sitzen im Kreis und werfen sich ein Wollknäuel gegenseitig zu. Dabei immer ein Stück des Fadens festhalten, sodass eine Art Woll-Spinnennetz in der Mitte entsteht.

- Das wollene Spinnennetz umgekehrt wieder „zurückbauen", und das Knäuel wieder aufwickeln.
- Die Wollknäuel und Kleidungsstücke wieder zurück in den Beutel oder den Korb legen.

Pompom

Extratipps

Material

- Pappe
- Wolle in verschiedenen Farben
- Schere

So wird's gemacht

Vorbereitung: Pro Person zwei gleich große Ringe aus Pappe ausschneiden, an einer Stelle aufschneiden und aufeinanderlegen, sodass auch die aufgeschnittenen Stellen übereinanderliegen. Der Durchmesser der Pappringe entspricht ungefähr dem Durchmesser des entstehenden Pompoms, ein wenig kleiner eventuell.

Nun wickeln die Teilnehmenden fleißig Wolle um die Ringe. Je mehr Wolle um die Pappringe gewickelt wird, desto dichter wird der Pompom. Wenn das Wickeln ein wenig schneller gehen soll, kann man den Faden auch doppelt nehmen. Allerdings kann sich das Wickeln dadurch für den ein oder anderen schwieriger gestalten. Beobachten Sie die Fähigkeiten der Teilnehmenden deshalb gut. Am Ende wird der Faden abgeschnitten und die Wolle an der Außenseite der Pappringe aufgeschnitten, sodass die Pappvorlage wieder zu sehen ist. Zwischen die beiden Pappen wird nun ein Stück Wollfaden geführt und zusammengebunden, sodass die Pompomfäden in der Mitte zusammengehalten werden. Die Pappringe werden entfernt. Jetzt ist der Pompom fertig und muss nur noch ein wenig in Form gebracht werden – schon ist er kugelrund und flauschig.

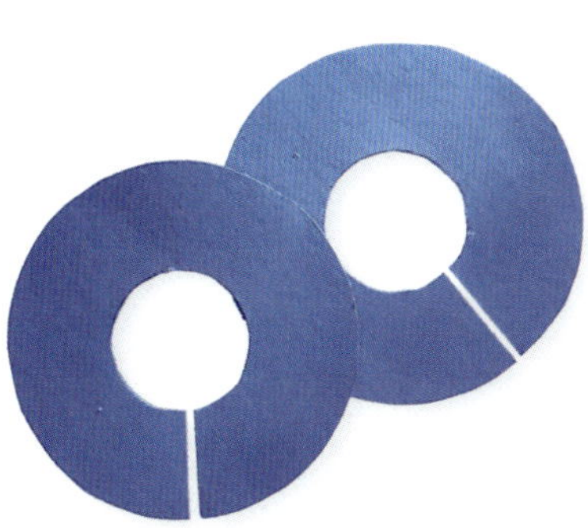

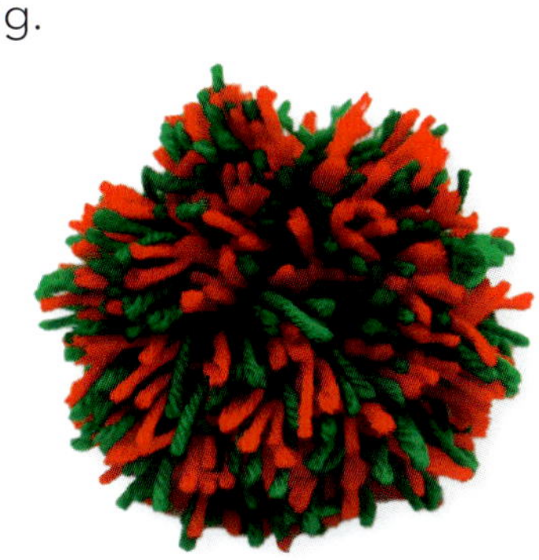

Türkranz

Material

- Pappe
- dicke Wolle in den gewünschten Farben
- Schere
- beliebige Deko-Elemente
- Faden zum Aufhängen
- Heißklebepistole

So wird's gemacht

Vorbereitung: Aus der Pappe pro Person einen Ring ausschneiden. Die Größe und Dicke des Rings bestimmt den Durchmesser und die Breite des Türkranzes.

Die Teilnehmenden wählen Wolle aus und wickeln sie um den Ring. Die Pappe sollte mindestens so dick mit der Wolle umwickelt werden, dass sie nicht mehr zu sehen ist. Zum Schluss wird der Faden abgeschnitten und auf der Rückseite verknotet. Der Türkranz kann nun mit kleinen Dekorationselementen verziert werden. Diese werden von den Teilnehmenden ausgewählt und von Ihnen mit der Heißklebepistole befestigt.

6 Tücher

Leicht und luftig, farbenfroh und wandelbar: Tücher sind ein vielfältiges Accessoire, verwandeln Tische in Kunstwerke, fühlen sich wunderbar weich an und werden von Kindern gerne für Verkleidungen aller Art verwendet.

Material

- Tücher in verschiedenen Farben, Formen, Größen, aus unterschiedlichen Materialien
- 1 große Schale

Ablauf

Legen Sie die Tücher in eine Schale und bieten Sie sie den Teilnehmenden an. Beobachten Sie einen Moment lang, was geschieht. Es ist möglich, dass die Seniorinnen und Senioren selbst beginnen, etwas mit den Tüchern zu machen. Wenn nicht, suchen Sie sich eine oder mehrere der aufgeführten Ideen aus, die zu den Ressourcen und Bedürfnissen der Teilnehmenden passen. Bauen Sie diese flexibel und der Situation entsprechend in Ihre Kurzbegegnung ein.

- Die Tücher aus der Schale nehmen.
- Tücher nacheinander in die Hand nehmen, fühlen und anschauen.
- Beschreiben, wie die Tücher aussehen; wenn möglich, die Farben benennen.
- Die Tücher der Größe nach ordnen – oder nur große Tücher und kleine Tücher sortieren.
- Ein Tuch nach oben in die Luft halten, loslassen und nach unten schweben lassen.
- Zwei verschiedene Tücher gleichzeitig schweben lassen und beobachten, welches schneller unten ankommt.
- Ein Tuch über die linke Schulter legen und mit der rechten Hand ganz langsam von oben nach unten bis zu den Fingerspitzen über den linken Arm ziehen. Das Gleiche mit der anderen Seite wiederholen, dafür das Tuch über die rechte Schulter legen und mit der linken Hand langsam von oben nach unten über den rechten Arm gleiten lassen.

- Ein Tuch möglichst klein zusammengeknüllt in beiden Händen verstecken. Nun die Hände ganz langsam nach oben wie eine Schale öffnen. Beobachten, was entsteht.
- Mehrere Tücher aneinanderknoten, sodass eine lange Kette entsteht.
- Im Stuhlkreis sitzend halten alle ein Tuch der Tücherkette. Diese wird nun im Uhrzeigersinn bewegt, bis das eigene Tuch nach einer Runde wieder bei seinem „Besitzer" ist. Die Kette bei der nächsten Runde gegen den Uhrzeigersinn drehen.

Farbenspiel

Extratipp

Material

- mehrere einfarbige bunte Tücher
- bunte Wäscheklammern in den Farben der Tücher

So wird's gemacht

Legen Sie die bunten Tücher in die Mitte eines Tisches oder in eine Schale. Geben Sie nun den Seniorinnen und Senioren eine farbige Wäscheklammer in die Hand und bitten Sie sie, ein Tuch in der gleichen Farbe mithilfe der Wäscheklammer aus dem Haufen zu picken.

Für eine andere Übung bitten Sie die Seniorinnen und Senioren, alle Wäscheklammern einer Farbe an das farblich passende Tuch zu klemmen (zum Beispiel alle blauen Wäscheklammern an ein blaues Tuch). Die Anzahl der in der Mitte liegenden Tücher und der zu steckenden Wäscheklammern machen Sie von den Ressourcen der Teilnehmenden abhängig.

7 Hüte

Sie dienen als modische Kopfbedeckung, halten Kälte ab und fliegen bei zu viel Wind schnell weg. Sie sind ein Teil von Verkleidungen und sind im Leben vieler Seniorinnen und Senioren ein beliebtes und gerne getragenes Accessoire.

Material

- Hüte in verschiedenen Formen, Farben und Größen
- 1 großer Korb
- 1 kleiner Ball
- mehrere kleine Gegenstände, die in einen Hut passen
- 1 blickdichtes leichtes Tuch

Ablauf

Legen Sie die verschiedenen Hüte in einen großen Korb. Bieten Sie den mitmachenden Seniorinnen und Senioren den Korb an und warten Sie einen Augenblick auf die Reaktion der Teilnehmenden. Übernehmen die Mitmachenden selbst die Initiative, brauchen Sie erst einmal gar keine weiteren Angebote zu machen. Beobachten Sie die Teilnehmenden und wählen Sie eine oder mehrere der unten stehenden Ideen aus. Passen Sie diese an die Ressourcen und Bedürfnisse der Mitmachenden an und verändern Sie sie so, dass eine angenehme Begegnung möglich ist.

- Einen Hut aus dem Korb nehmen und ansehen. Die Form fühlen und mit den Fingern an den Kanten entlangfahren.
- Wie fühlt sich das Material an, aus dem der Hut gefertigt wurde?
- Gemeinsam überlegen: Zu welchem Anlass könnte der Hut getragen werden?
- Einen Hut auswählen und gemeinsam überlegen, zu welchem Anlass man diesen Hut *nicht* tragen würde.
- Einen Hut aufsetzen und wieder abnehmen, die Bewegung wiederholen.
- Einen der Hüte mit beiden Händen in die Luft werfen und wieder auffangen.

- Einen Hut mit einer Hand in die Luft werfen und wieder auffangen.
- Einen der Hüte umgekehrt auf den Boden oder einen Tisch stellen und versuchen, einen kleinen Ball hineinzuwerfen.
- Legen Sie drei kleine Gegenstände in einen Hut und zeigen Sie sie den Teilnehmenden. Dann werden die Gegenstände abgedeckt. Nehmen Sie einen der Gegenstände ungesehen aus dem Hut und decken Sie ihn wieder auf. Welcher der vorher gesehenen Gegenstände fehlt? (Die Anzahl der Gegenstände hängt von den Ressourcen der Teilnehmenden ab.)
- Das Lied „Mein Hut, der hat drei Ecken" singen. Die Mitmachenden haben dabei einen Hut auf dem Kopf. Jedes Mal, wenn im Text das Wort „Hut" vorkommt, nehmen sie den Hut mit einer Hand vom Kopf und setzen ihn danach wieder auf.

Mein Hut, der hat drei Ecken
Mein Hut, der hat drei Ecken,
drei Ecken hat mein Hut.
Und hätt er nicht drei Ecken,
so wär's auch nicht mein Hut.

Extratipp

Hut aus (Zeitungs-)Papier

Material

- buntes Papier oder Zeitungspapier
- Klebstoff

Ein rechteckiges Stück buntes Papier, Tonpapier oder Zeitungspapier der Breite nach zur Hälfte in der Mitte falten. Anschließend wird das Blatt nochmals in der Mitte gefaltet und wieder geöffnet. In der Mitte befindet sich eine geknickte Mittellinie. Nun werden die beiden oberen Spitzen herunter zur Mittellinie gefaltet und die unteren Kanten auf jeder Seite nach oben geknickt (einmal vorne, einmal hinten). Die überstehenden Ecken werden um den Hut gelegt und mit einem Klebestift festgeklebt.

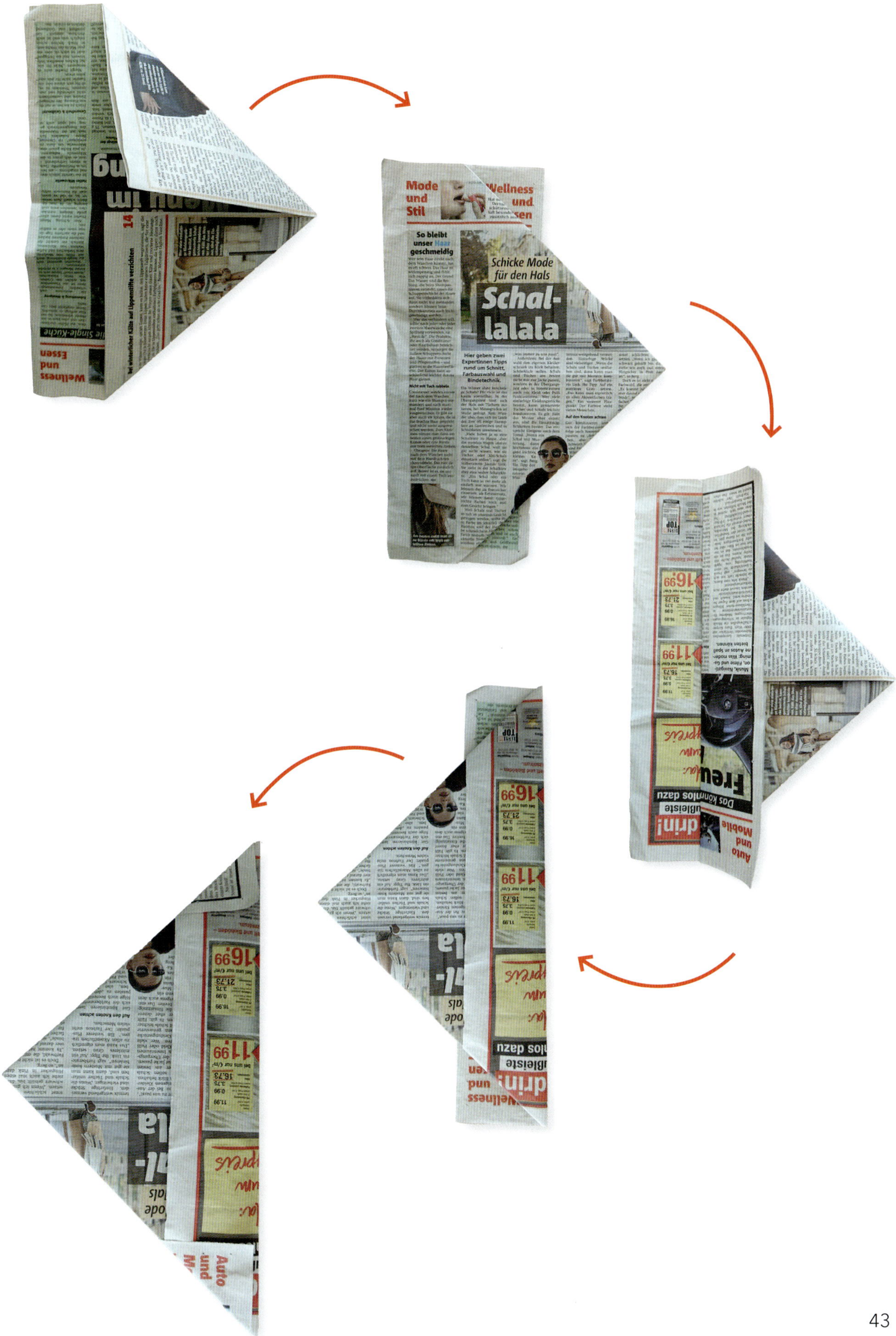
Mode
und
Stil
So bleibt
unser Haar
geschmeidig
Schicke Mode
für den Hals
Schal-
lalala
Hier geben zwei
Expertinnen Tipps
rund um Schnitt,
Farbauswahl und
Bindetechnik.

8 Stempel

Stempel gibt es in vielen verschiedenen Größen, Formen und Ausfertigungen. Sie sind aus den verschiedensten Materialien ganz leicht selbst herzustellen und bieten ein schnelles und sehr oft zufriedenstellendes Erfolgserlebnis. Das Stempeln lässt sich gut an die unterschiedlichen motorischen Fähigkeiten der Seniorinnen und Senioren anpassen und - sofern die Stempel selbst gemacht sind - auch ganz leicht zu verschiedenen Anlässen und Themen gestalten. Ein flexibles, kostengünstiges und erfolgversprechendes Material.

Material

- verschiedene (selbst gemachte) Stempel aus Haushaltsschwämmen, Kartoffeln, Zitrusfrüchten, Wattestäbchen, Gabeln, Korken, Küchenrolle
- Ausstechförmchen
- Acrylfarben
- Pinsel
- Teller
- Schere
- Küchenmesser
- Gläser mit Wasser
- Papier oder Tonkarton in verschiedenen Größen

Ablauf

Legen Sie die mitgebrachten Materialien auf den Tisch. Nutzen Sie jeweils nur eine Technik. Auch wenn Sie in der Kurzbegegnung zwei Techniken einsetzen oder ausprobieren möchten, wenden Sie diese nicht auf einmal an. Ob Sie etwas Thematisches oder eine Form vorgeben, ob die Teilnehmenden mit den Stempeln eine Zeichnung füllen oder etwas frei gestalten sollen, machen Sie von der aktuellen Situation und den vorhandenen Fähigkeiten der Mitmachenden abhängig. Alle Ideen sind miteinander kombinierbar und die Aufgaben und die jeweiligen Techniken austauschbar. Ebenso können Sie flexibel entscheiden, ob Sie mit den Seniorinnen und Senioren zum Beispiel eine Karte, ein Bild oder ein Lesezeichen stempeln möchten.

- Eine der einfachsten Varianten, mit Seniorinnen und Senioren zu stempeln, ist die mit **Schwämmen**. Dafür können gewöhnliche Haushaltsschwämme benutzt werden. Diese können ganz gelassen oder in kleinere Teile geschnitten werden, also zum Beispiel einmal halbieren und davon die eine Hälfte noch mal halbieren, sodass Sie drei Teile in zwei verschiedenen Größen haben. Außerdem können Sie versuchen, mithilfe eines Messers eine runde Form auszuschneiden. Die Teilnehmenden geben nun Acrylfarbe auf einen Teller und tunken den Schwamm in die Farbe. Mit dem Schwamm wird die Farbe auf ein Blatt Papier oder eine Karte getupft.
- Auch mit **Zitrusfrüchten** kann man wunderschöne und einfache Stempelbilder gestalten. Schneiden Sie Zitronen oder Orangen in der Mitte durch. Die Teilnehmenden bemalen die Schnittflächen mit Acrylfarben und drucken damit auf Papier oder Karton. Die Zitrusfrüchte-Stempel können wunderbar als Grundierung für Briefpapier dienen. In dem Fall kann die ganze Fläche gestempelt werden. Mit einzelnen Stempeldrucken lassen sich Karten und Lesezeichen gestalten. Die Früchte erzeugen einen schönen Hingucker.
- Stempeln mit **Wattestäbchen** ist eine Übung, für die ein gewisses Maß an Feinmotorik vorhanden sein muss. Wattestäbchen können gut dafür genutzt werden, Vorlagen zu gestalten und Bilder zu vervollständigen. Zum Beispiel durch Auftupfen der Farbe: Die Klassiker sind der Clown, über den Konfetti gestreut wird, der Schneemann, der im rieselnden Schnee steht, oder der Baum, der im Herbst seine bunten Blätter verliert. Oder durch Malen von Bildelementen: der Fisch, der im Wasser schwimmt (Wellen mit den Wattestäbchen malen).
- Mit **Gabeln** können schöne Frühlingsbilder entstehen. Um farbenfrohe Blüten zu drucken, geben Sie rote sowie gelbe Acrylfarbe getrennt auf einen Teller. Die Mitmachenden tunken die Zinkenseite einer Gabel in die Farbe und drucken auf ein Blatt Papier oder eine Postkarte rote und gelbe Blütenblätter (die Zinken zeigen dabei nach oben). Im Anschluss müssen nur noch die Stängel mit grüner Acrylfarbe hinzugemalt werden. Das geht gut mit einem Pinsel oder einem Wattestäbchen.
- Aus den **Kartoffeln** einen Stempel machen. Dafür am besten ein Ausstechförmchen in die halbierte Kartoffel drücken und alles, was sich am äußeren Rand der Form befindet, wird von Ihnen mit einem Küchenmesser weggeschnitten. Die Teilnehmenden bemalen die Druckfläche mit einem Pinsel und Acrylfarbe und drucken auf ein Blatt Papier oder eine Postkarte.

- Mit **Korken** können Bilder in den verschiedensten Farben gedruckt werden. Geben Sie Acrylfarben auf einen Teller. Teilen Sie Vorlagen aus, auf denen die Umrisse einer einfachen Form zu sehen sind, zum Beispiel ein Herz, ein Kreis, ein Viereck, ein Dreieck. Bitten Sie die Teilnehmenden, die Form auf dem Blatt mit farbigen Stempeldrucken auszufüllen. Dafür tunken sie die Korken in die Acrylfarbe und stempeln dann die Farbe auf das Papier.
- Mit **Küchenrolle** können wunderschöne Grundierungen für effektvolle Bilder gestempelt werden. Dazu wird Acrylfarbe auf einen Teller gegeben, ein Stück Küchenpapier wird zusammengeknüllt und in die Farbe getunkt. Nun kann die Farbe auf das Blatt oder die Karte gestempelt werden.

Extratipp

Blumen-Stempel aus Trinkhalmen

Material

- Trinkhalme aus Papier oder Stroh
- kleine Schere
- Farbkopie der Wiese auf Seite (##) oder Papier bzw. eine Blankokarte
- Acrylfarbe
- dünner Pinsel

So wird's gemacht

Vorbereitung: Nehmen Sie eine Farbkopie der Wiese auf Seite (##), oder malen Sie mit einem dünnen Pinsel grüne Grashalme auf ein Blatt Papier oder eine Karte. Lassen Sie das Bild trocknen. Schneiden Sie pro Person einen Trinkhalm an einem Ende fünfmal ungefähr einen halben Zentimeter ein. Geben Sie nun einige kleine Tupfen bunte Acrylfarbe (kein Grün) auf einen Teller.

Die Seniorinnen und Senioren tunken die Trinkhalme in die Acrylfarbe und tupfen dann die Farbe auf das Blatt. Mit jedem Tupfer entsteht eine fünfblättrige Blüte. Der Vorgang kann beliebig oft und mit einer oder unterschiedlichen Farben wiederholt werden.

9 Handtaschen

Handtaschen sind treue Begleiter für Generationen von Frauen. Die einen wählen sie so klein wie nur möglich, bei anderen muss möglichst viel reinpassen. Die eine Frau mag es schick, die andere eher schlicht. Viele Frauen haben verschiedene Handtaschen für unterschiedliche Anlässe. Sofern es die Fähigkeiten noch zulassen, können Handtaschen eine gute Möglichkeit sein, in ein Gespräch zu kommen. Und auch für die nonverbale Kommunikation haben Handtaschen einen hohen Aufforderungscharakter.

Material

- verschiedene Handtaschenmodelle
- Dinge, die man in einer Handtasche mit sich trägt (z. B. Geldbeutel, Schlüsselbund, Taschentücher, Lippenstift, Taschenspiegel, Kamm, kleine Haarbürste)

Ablauf

Stellen Sie die verschiedenen Handtaschenmodelle in die Mitte eines Stuhlkreises oder auf einen Tisch. Bevor Sie eine Form der Begegnung anbieten, warten Sie einen Moment, ob die Seniorinnen - und Senioren - nicht selbst Wege finden, den Materialien auf ihre Art zu begegnen. Benötigen die Mitmachenden Ihre Unterstützung, suchen Sie sich eine oder mehrere der folgenden Ideen aus und passen Sie sie an die Ressourcen und Bedürfnisse der Teilnehmenden in der entsprechenden Situation an.

- Die Handtaschen in die Hand nehmen, ansehen und spüren, wie sich das Material anfühlt.
- Beschreiben, wie die Handtaschen aussehen, woraus sie bestehen, ob sie groß oder klein sind und zu welchem Anlass man sie tragen könnte.
- Die Handtaschen umhängen, den Verschluss öffnen und schließen.
- Gemeinsam Dinge aufzählen, die in einer Handtasche zu finden sind.
- Die mitgebrachten Gegenstände ansehen, in die Hand nehmen und benennen.

- Die Handtaschen mit Gegenständen füllen, die die Seniorinnen und Senioren in ihrem Alltag mitnehmen würden; diese Gegenstände dürfen selbst ausgewählt werden.
- Die Teilnehmenden legen drei Gegenstände in eine Handtasche. Sie nehmen einen Gegenstand ungesehen heraus und lassen die Mitmachenden dann überlegen, welcher Gegenstand fehlt.
- In einem Stuhlkreis sitzend wird eine Handtasche im Uhrzeigersinn weitergereicht; je nach Ressourcen der Teilnehmenden könnte man festlegen, dass die Handtasche mit der rechten Hand angenommen und mit der linken Hand weitergegeben wird.
- In einer weiterführenden Übung halten alle Teilnehmenden eine Handtasche in der rechten Hand. Diese wird von allen gleichzeitig gegen den Uhrzeigersinn an den rechten Nachbarn weitergegeben. Diese Person nimmt die neue Tasche mit der linken Hand an und lässt sie in die rechte Hand wandern. Die Taschen werden nun genauso zur nächsten Person weitergegeben. Dazu könnte ein Lied gesungen werden, sodass die Handtaschen in einem vorher festgelegten Rhythmus weiterwandern.

Extratipp

Persönliche Aktivierungskiste

Material

- 1 Karton bzw. 1 Dose/Tasche o. Ä.
- persönliche Dinge der Seniorinnen und Senioren und/oder Gegenstände, die einen Bezug zu deren persönlicher Biografie haben und ein Weg in die Erinnerungen und/oder eine Gesprächsanregung sein können

So wird's gemacht

Gestalten Sie eine ganz persönliche Aktivierungskiste oder -tasche für Ihre Seniorinnen und Senioren. Ob Sie einen Karton, eine Dose, Schachtel oder eine Tasche nehmen, machen Sie von den jeweiligen Möglichkeiten abhängig und davon, welches Behältnis einen engeren Bezug zur persönlichen Biografie Ihrer Teilnehmenden hat. Die Aktivierungskiste muss nicht prall gefüllt sein. Sie muss auch nicht vor dem ersten Anschauen „fertig" sein. Es dürfen durchaus nach und nach Dinge dazukommen oder wieder daraus verschwinden. Bestimmt ergeben sich in Gesprächen neue Ideen für Materialien und Gegenstände, die ebenfalls Anregungen für Sinneswahrnehmungen, Erinnerungen oder Erzählungen sein können. Lassen Sie die Seniorinnen und Senioren, wenn es möglich ist, selbst Kontakt mit den angebotenen Materialien aufnehmen. Begleiten Sie die Erinnerungen, wenn nötig, mit Gesprächsimpulsen und auf die persönliche Biografie bezogenen Fragen. Vielleicht ist aber auch einfach „nur" anschauen und fühlen an der Reihe.

10 Reisekoffer

Sie sind Begleiter für ganz besondere Zeiten innerhalb des Jahres. Urlaubmachen war früher etwas sehr Besonderes, worauf man lange sparen musste. Kinder fieberten der Zeit entgegen, eine schulfreie Zeit zu haben, in einem anderen Bett zu schlafen und eine neue Umgebung kennen zu lernen. Einen oder zwei Tage vor der Abfahrt wurden die Koffer gepackt und die fertigen Gepäckstücke ins Auto geladen.

Material

- 1 kleiner Reisekoffer
- einige Dinge, die man auf eine Reise mitnehmen würde (entweder ein beliebiges Sortiment oder ausgewählt für ein bestimmtes Ziel, z. B. einen Badeurlaub, einen Wanderurlaub oder einen Skiurlaub)

Ablauf

Legen Sie den geschlossenen gepackten Koffer in die Mitte eines Tisches oder stellen Sie ihn auf den Boden. Er kann bei einer Begegnung mit einer Gruppe in der Mitte eines Stuhlkreises stehen oder im Fall eines Einzelangebotes neben der mitmachenden Person. Warten Sie einen Augenblick ab, bevor Sie eine oder mehrere der unten stehenden Ideen anbieten. Vielleicht beginnen die Teilnehmenden von selbst, sich mit dem Koffer zu beschäftigen. Passen Sie die Vorschläge an die Fähigkeiten und Bedürfnisse der Mitmachenden an.

- Die Oberfläche des Koffers mit den Händen berühren, die Kanten umfahren. Beschreiben, wie sich die Oberfläche anfühlt und welche Form der Koffer hat.
- Den Koffer etwas anheben. Ist er schwer oder leicht?
- Den Koffer öffnen und gemeinsam den Inhalt ansehen. Beschreiben, was in dem Koffer liegt.
- Die Dinge einzeln aus dem Koffer nehmen; wenn möglich, benennen.
- Wenn der Koffer für einen bestimmten Urlaub gepackt ist: Gemeinsam überlegen, in welchen Urlaub der oder die Reisende fahren möchte (Badeurlaub, Ski-Urlaub …).

- Den geschlossenen Koffer in die Tischmitte legen. Die Reiseutensilien darum verteilen. Nun ein Teil auswählen, den Koffer öffnen und es hineinlegen. Dabei sagen: „Ich packe meinen Koffer und nehme (z. B.) meinen Badeanzug mit." Den Koffer schließen. Der Nächste in der Runde nimmt ein neues Teil und legt es auf die gleiche Art und Weise hinein.
- Reihum ein Teil in den Koffer legen und wie beim Spiel „Kofferpacken" die vorher hineingelegten Dinge noch einmal mit aufzählen - wenn möglich, ohne dabei in den Koffer zu schauen. Ansonsten den Koffer aufmachen, die Dinge benennen, die schon darin liegen, und dann etwas Neues dazulegen. („Ich packe meinen Koffer und nehme … mit.")
- Einen leeren Koffer im Stuhlkreis sitzend im Uhrzeigersinn von einem zum nächsten reichen. Je nach Ressourcen der Teilnehmenden können auch zwei Koffer (mit ein wenig Abstand) weitergegeben werden.

Urlaubsgrüße

Extratipp

Material

- Postkarten aus verschiedenen Urlaubsregionen in Deutschland oder in benachbarten Urlaubsländern
- Pinnwand, falls zur Hand

So wird's gemacht

Pinnen Sie die Postkarten an die Pinnwand und legen Sie diese in die Tischmitte. Wenn möglich, können Sie die Pinnwand auf dem Tisch auch aufstellen, indem Sie sie zum Beispiel gegen eine Wand lehnen. Falls Sie keine Pinnwand haben, ist das kein Problem. Dann legen Sie die Postkarten einfach auf dem Tisch aus. Die Karten können nun in Ruhe angesehen werden. Lassen Sie die Seniorinnen und Senioren anschließend beschreiben, was auf den Karten zu sehen ist. Können die Sehenswürdigkeiten benannt werden? Wissen die Mitmachenden, in welchem Bundesland bzw. in welchem Land und in welcher Stadt die Sehenswürdigkeiten, Orte oder Landschaften zu besichtigen sind? Haben sie selbst Erinnerungen an diese Gegenden?

11 Bauklötze

Sie sind bekannt aus Kindertagen und haben auch heute immer noch ihre klassische Form. Es gibt sie in rund, in eckig, in lang, kurz, schmal oder breit. In bunt oder aus naturbelassenem Holz. Ihre Seiten sind glatt geschliffen und laden zum Fühlen ein. Aus ihnen werden Türme und Brücken gebaut. Was umfällt, wird einfach wieder aufgebaut. Laden Sie Ihre Seniorinnen und Senioren auf eine fühlbare Reise in ihre Kindheit ein …

Material

- Bauklötze in verschiedenen Formen, Größen und Farben
- Kiste oder Korb

Ablauf

Legen Sie die Bauklötze in die Kiste oder den Korb und bieten Sie sie den Teilnehmenden an. Je nach Größe des Behälters und nach Ressourcen der Teilnehmenden können die Bauklötze auf den Tisch gestellt oder in die Hand genommen werden, damit die Teilnehmenden sie zum Beispiel auf ihren Schoß legen können. Warten Sie einen Augenblick, bevor Sie weitergehende Angebote machen. Bauklötze haben einen hohen Aufforderungscharakter. Vielleicht fangen die Mitmachenden von selbst an, Ideen zu entwickeln, was sie mit den Bauklötzen machen könnten. Wählen Sie anschließend eine Aktion aus, die zu den Fähigkeiten und Bedürfnissen der Teilnehmenden passt. Verändern Sie sie ggf. der Situation entsprechend.

- Bauklötze aus der Kiste oder dem Korb nehmen und ansehen, die Oberfläche erfühlen.
- Beschreiben, wie sich die Bauklötze anfühlen.
- Drei Bauklötze aus der Kiste oder dem Korb nehmen und übereinanderstapeln.
- Drei Bauklötze aus der Kiste oder dem Korb nehmen und eine Brücke bauen.
- Einen bestimmten Bauklotz aus der Kiste holen, der vorher von Ihnen beschrieben wird (zum Beispiel Form und Farbe).

- Die Bauklötze aneinanderlegen und eine möglichst lange Reihe bauen (evtl. hinterher zählen, wie viele Bauklötze auf dem Tisch liegen).
- Die Bauklötze in einer bestimmten Reihenfolge aneinanderlegen (zum Beispiel durch ein Bild vorgegeben oder durch eine Reihenfolge, die Sie vorlegen).
- Die Bauklötze in einer bestimmten Anordnung aufbauen (zum Beispiel durch ein Bild vorgegeben oder durch ein Muster, das Sie vorlegen).

Memo-Spiel

Extratipp

Material

- Bauklötze
- kleine Klebepunkte in mehreren Farben

So wird's gemacht

Vorbereitung: Auch aus Bauklötzen kann man ein anregendes Memo-Spiel zaubern. Kleben Sie farbige Punkte unter handelsübliche Bauklötze. Verwenden sie immer zwei Punkte derselben Farbe.

Stellen Sie anschließend die Klötze so auf einen Tisch, dass die Punkte verdeckt sind. Nun sollen durch Hochheben und Darunterschauen Punkte-Paare gefunden werden. Die Anzahl der Paare machen Sie von den Fähigkeiten der Teilnehmenden abhängig.

Leichter wird das Spiel, wenn Sie die Form der Bauklötze unterschiedlich wählen und jedes Paar auch äußerlich zusammenpasst (das Pärchen mit dem grünen Punkt ist zum Beispiel rund, das mit dem blauen Punkt rechteckig und das mit dem gelben Punkt jeweils ein Würfel).

12 Tiere

Viele Seniorinnen und Senioren sind mit Tieren groß geworden. Die Erinnerungen daran verbinden und erzählen ganz persönliche Geschichten. Auch Tiere, die nicht heimisch sind, faszinieren durch das Unbekannte und bieten viel Gesprächspotenzial.

Material

- Tierbilder (Kopiervorlage S. ##)
- mehrere kleine Tierfiguren (z. B. aus Gummi, Porzellan o. Ä.)
- 1 große Schale mit Sand
- Löffel

Vorbereitung: Kopieren Sie die Tierbilder (S. ##) und schneiden Sie die Bildkarten einzeln aus. Sie können die Karten auch laminieren.

Ablauf

Legen Sie die Bildkarten und Tierfiguren in einen großen Korb. Bieten Sie den Mitmachenden den Korb an und warten Sie einen Augenblick, ob sie selbst in Kontakt mit den Materialien gehen. Wenn ja, lassen Sie ihnen einen Moment Zeit für diese Begegnung. Wählen Sie anschließend und bei Bedarf eine oder mehrere der nun folgenden Ideen und passen Sie sie an die Ressourcen der Teilnehmenden und an die Situation an.

- Eine Tierfigur oder eine Bildkarte aus dem Korb nehmen und das Tier benennen.
- Die Oberfläche einer Tierfigur fühlen. Wie fühlt sich das Tier an? Wie viele Beine hat es? Hat es einen Schwanz?
- Beschreiben, wie sich das Tier „in echt" anfühlt. Hat es Fell, Federn oder ein Schuppenkleid?
- Wo leben die Tiere normalerweise? Im Haus, im Wald, im Meer …?
- Wie bewegen sie sich fort? Gehen, kriechen, schwimmen, fliegen, hüpfen …?
- Die Tiere in Gruppen einteilen, zum Beispiel Haustiere, Waldtiere, Meerestiere …
- Einige der Tierfiguren in einer großen Schale mit Sand verstecken. Die Teilnehmenden graben den Sand mit den Händen oder einem Löffel um und suchen die Tiere. Je nach Ressourcen, kann auch nach einem bestimmten Tier gesucht werden.

Extratipp

Tier-Memo

Material

- Tierbilder (Kopiervorlage S. ##)
- Schere

So wird's gemacht

Vorbereitung: Die Bildkarten mit den Tierbildern doppelt kopieren, nach Möglichkeit laminieren und dann ausschneiden, um ein Memo-Spiel zu gestalten.

Dafür, je nach Ressourcen der Mitmachenden, entweder jeweils beide Karten eines Pärchens verdeckt und gemischt auf den Tisch legen oder eine Karte pro Pärchen offen liegen lassen und den jeweiligen Partner durch Aufdecken der übrigen verdeckten Karten finden. Die Anzahl der Kartenpaare machen Sie von der Situation und den Fähigkeiten der Teilnehmenden abhängig.

13 Blumen

Sie sind farbenfroh, duften herrlich und erinnern an manch schöne Momente. Ob im Garten, als Strauß oder wild wachsend in der freien Natur – sie werden von vielen Menschen gemocht und wecken allerlei Erinnerungen.

Material

- verschiedene Blumen (ohne Dornen!)
- 1 Vase
- 1 Kanne oder Gießkanne mit Wasser
- Tücher oder Servietten in den Farben der Blumen

Ablauf

Stellen Sie eine Vase auf einen Tisch, daneben eine Kanne mit Wasser. Legen Sie verschiedene Schnittblumen um die Vase und die Kanne herum. Geben Sie den Teilnehmenden der Kurzbegegnung einen Augenblick Zeit, um sich anzusehen, was auf dem Tisch steht bzw. liegt. Warten Sie einen Moment, ob die Seniorinnen und Senioren selbstständig in Kontakt mit den Materialien auf dem Tisch gehen. Wählen Sie bei Bedarf eine oder mehrere der unten stehenden Ideen aus und passen Sie diese an die Bedürfnisse und Ressourcen der Mitmachenden an.

- Die Blumen einzeln in die Hand nehmen und ansehen. Welche Farbe hat die Blume? Wie sehen die Blüten aus?
- An den Blumen riechen. Wie duften sie? Ist der Duft angenehm? Weckt der Duft Erinnerungen? Erzählen Sie, welche Erinnerungen bei Ihnen geweckt werden, wenn Sie an einer der Blumen riechen.
- Die Blumen auf dem Tisch zählen.
- Die Blumen benennen. Wie heißen die Blumen?
- Das Wasser aus der Kanne in die Vase gießen. Die Blumen in die Vase stellen und zu einem Blumenstrauß zusammenstellen.
- Zuerst die Blumen einer bestimmten, vorgegebenen Farbe in die Blumenvase stellen.
- Den Blumenstrauß oder einzelne Blumen von einer Person zur nächsten weitergeben.

- Blumen aufzählen, die in einer bestimmten Jahreszeit blühen (im Frühling, Sommer oder Herbst).
- Servietten oder Tücher in den Blütenfarben der Blumen auf den Tisch legen. Die Blumen jeweils dem Tuch in der passenden Farbe zuordnen.

Blumenanhänger aus Salzteig

Extratipp

Material

für den Salzteig:

- 2 Tassen Mehl
- 1 Tasse Salz
- 1 Tasse Wasser

- Nudelholz
- Trinkglas
- getrocknete Blüten
- Trinkhalm
- Band
- evtl. Sprühlack

So wird's gemacht

Den Salzteig zubereiten: Die Zutaten werden zusammengeknetet. Sollte der Teig zu feucht sein, ruhig noch ein wenig Mehl dazugeben. Gut durchkneten und mit einem Nudelholz ausrollen. Mit dem Glas Kreise ausstechen. Die Blüten in den Salzteig drücken und leicht mit dem Nudelholz darüberrollen. Für das Band ein Loch mit dem Trinkhalm ausstanzen. Die Blumenanhänger ein paar Tage in der Sonne trocknen lassen (im Backofen würden die Blüten verbrennen). Anschließend können sie mit Sprühlack fixiert werden. So halten die Blumen besser und sind vor Staub geschützt. Zum Schluss das Band durchziehen, verknoten, und fertig ist ein wunderschöner Blumenanhänger aus der Natur.

14 Rezepte

Sie beinhalten Erfahrungen, wertvolle Tipps und schöne Erinnerungen an gemeinsames Kochen, Backen, Essen und Zusammensein. Viele Seniorinnen und Senioren haben noch handgeschriebene Kochbücher ihrer Eltern. Manche Rezepte dagegen wurden nie aufgeschrieben und leben ausschließlich in denen weiter, denen sie überliefert wurden. Eines haben sie alle gemeinsam: Rezepte sind Verbindungen, die durch das Erleben und die Erinnerungen an gemeinsame Mahlzeiten und Feste mit Leben gefüllt sind.

Material

- verschiedene Rezepte (z. B. als Bücher, Hefte, Blattsammlungen oder Karteikärtchen)
- Kochlöffel
- Topf
- Schneebesen
- Rührschüssel
- trockene Linsen, Erbsen o. Ä.

Ablauf

Stellen und legen Sie die mitgebrachten Materialien auf einen Tisch. Warten Sie einen Augenblick, ob die mitmachenden Seniorinnen und Senioren sich selbst an die Rezepte und das Zubehör „heranwagen". Beobachten Sie, wie die Teilnehmenden darauf zugehen, und gehen Sie entsprechend darauf ein. Wenn Sie möchten, nutzen Sie eine oder mehrere der unten stehenden Ideen und passen sie an die Fähigkeiten und Bedürfnisse der Teilnehmenden und an die aktuelle Situation an.

- Gemeinsam Rezeptbücher und -karten anschauen. Welche darin vorgestellten Gerichte kennen die Seniorinnen und Senioren? Welche backen oder kochen sie gerne? Was mögen sie?
- Ein Rezept vorlesen bzw. gemeinsam lesen. In welchem Laden bekommt man welche Zutaten? In welcher Abteilung kann man sie kaufen?
- Ein Gericht oder ein Backwerk nennen. Wissen die Mitmachenden, welche Zutaten man für die Zubereitung benötigt?
- Mit dem Kochlöffel in dem Topf, mit dem Schneebesen in der Schüssel rühren (ohne Inhalt).

- An welche Rezepte von früher erinnern sich die Teilnehmenden? Gibt es traditionelle Familienrezepte, die von Generation zu Generation weitergegeben werden?
- Mit dem Kochlöffel auf den Rand der Schüssel oder des Topfs den Takt eines bekannten Volkslieds oder Schlagers klopfen.
- Die Linsen oder Erbsen in den Topf oder die Schüssel geben. Mit dem Schneebesen oder dem Kochlöffel vorsichtig umrühren.
- Die Linsen oder Erbsen mit dem Kochlöffel vom Topf in die Schüssel oder umgekehrt umfüllen. In Gruppenbegegnungen kann der Nächste in der Runde die Linsen oder Erbsen wieder zurückschütten.

Wir kochen zusammen!

Extratipp

Material

- Prospekte von Lebensmittelläden
- Schere
- Laminiergerät

So wird's gemacht

Vorbereitung: Überlegen Sie sich Gerichte, die von vielen Menschen aus dem Kopf und ohne festes Rezept zubereitet werden können und von deren Zutaten Sie Abbildungen in den Prospekten finden.

Nennen Sie den Namen eines Gerichts und lassen Sie die Teilnehmenden die Bilder der Zutaten suchen. Sprechen Sie kurz über dieses Gericht. Nennen Sie dann erst die nächste Speise, die zubereitet werden soll.

Vorbereitung: Schneiden Sie für eine weitere Übung Bilder von Lebensmitteln aus Prospekten aus, und laminieren Sie sie einzeln. Die Preise und Überschriften sind für viele Senioren zu klein gedruckt, wecken aber durchaus Interesse. Wenn Sie möchten, schreiben Sie den Namen des Lebensmittels und den Preis groß auf ein Blatt Papier, legen das Bild des Lebensmittels darauf und laminieren beides zusammen. Legen Sie dann die Lebensmittelbilder in die Mitte eines Tischs.

Suchen Sie einzelne Lebensmittel aus und fragen Sie die Seniorinnen und Senioren, welche Gerichte man mit den Zutaten zubereiten könnte. Was kommt außerdem in die Speisen?

15 Watte

Sie ist luftig weich, leicht und erinnert - je nach Form - an die Wolken, die hoch oben am Himmel vorüberziehen. Man kann sie knautschen, auseinanderziehen, pusten und schweben lassen. Watte fasziniert durch ihre Wandelbarkeit und die gleichzeitige Stabilität, die sie ab einer gewissen Dichte besitzt.

Material

- Watte
- Wattebausche
- 1 große Schüssel oder Schale
- 3-5 kleine Schälchen
- Schaschlikspieße
- Nudelzange
- 1 großes Glas (z. B. Gurkenglas)

Ablauf

Legen Sie die Watte in eine große Schüssel oder Schale und stellen Sie diese in die Mitte eines Tischs. Je nach Möglichkeiten können Sie die Schale oder Schüssel auch in die Mitte eines Stuhlkreises stellen. Wenn es die Mobilität der Mitmachenden erlaubt, geben Sie die Schale dann für die einzelnen Aktionen in der Gruppe herum. Warten Sie zu Beginn einen Augenblick, bevor Sie eine Kurzbegegnung einleiten. Vielleicht nehmen die Seniorinnen und Senioren selbst Kontakt mit dem angebotenen Material oder den anderen Teilnehmenden auf. Ist dem nicht so oder benötigen sie ab einem bestimmten Punkt Anregungen, dann nutzen Sie gerne die nun vorgestellten Ideen. Passen Sie die Ideen an die Situation, die Ressourcen und die Einschränkungen Ihrer Seniorinnen und Senioren an.

- Die Watte in die Hand nehmen, ansehen und erfühlen.
- Kleine Stückchen (Wattebausche) von der Watte abzupfen.
- Kleine Wattebausche von oben in die Schale schweben lassen.
- Wattebausche über einen Tisch pusten, anschließend schauen, wessen Wattebausch mit einem Mal am weitesten gekommen ist.

- Wattebausche über eine Ziellinie pusten, dabei so selten wie möglich pusten.
- Einen oder beide Arme auf Schulterhöhe ausstrecken, dabei einen Wattebausch in der Hand halten. Den Wattebausch loslassen und auf den Boden schweben lassen. Ggfs. vergleichen, wessen Wattebausch am längsten schwebt, bis er am Boden angekommen ist.
- Drei bis fünf kleine Schälchen werden auf einen Tisch gestellt und mit Ziffern beschriftet. Für das erste Schälchen einen Wattebausch von dem großen Stück Watte abzupfen und hineinlegen, in das zweite Schälchen zwei Wattebausche, in das dritte drei und so weiter …
- Wattebausche auf einen Schaschlikspieß spießen (nach Lust und Laune / so viele wie möglich / eine bestimmte vorgegebene Anzahl / die Bausche vorher selbst zupfen …)
- Wattebausche werden mithilfe einer Nudelzange einzeln vom Tisch aufgenommen und in ein großes Glas gelegt. Die Übung kann auch andersherum gemacht werden. Dafür die Wattebausche mit der Nudelzange einzeln aus dem Glas herausnehmen und in eine Schale legen.

Ich schenk dir einen Regenbogen

Extratipps

Material

- Kopiervorlage Regenbogen (s. u.)
- Buntstifte
- Watte
- Klebstoff

Vorbereitung: Kopieren Sie den Regenbogen in ausreichender Anzahl.

So wird's gemacht

Teilen Sie die Kopien aus. Die einzelnen Bögen des Regenbogens sollen nun mit den Buntstiften angemalt werden. Zum Schluss jeweils an das rechte und linke Ende des Regenbogens Watte kleben, sodass es aussieht, als würde der Regenbogen in den Wolken schweben.

Märchenwelt in Gläsern

Material

- Gläser mit Deckel (Weckgläser) oder Flaschen mit Schraubverschluss
- Watte
- Lebensmittelfarbe
- Glitzer
- Wasser in einer kleinen Gießkanne
- 1 Kochlöffel oder kleiner Holzstiel

So wird's gemacht

Ungefähr die Hälfte des Glases bzw. der Flasche mit Watte auslegen. Etwas Wasser aus der Gießkanne hinzugeben. Einige Tropfen Lebensmittelfarbe dazuträufeln und etwas Glitzer hineinstreuen.

Nun eine weitere Schicht Wattebällchen dazugeben und mit Farbe und Glitzer gestalten. Immer nur so viel Wasser nehmen, wie die Watte aufsaugen kann, nicht mehr.

Die Watte nach jeder Schicht mit dem Ende des Kochlöffels oder dem Holzstiel ins Glas drücken. Ist das Glas komplett mit Watte gefüllt, wird es verschlossen. Das Wasser verdunstet mit der Zeit und muss ggf. ab und zu nachgefüllt werden.

16 Knete

Knete weckt Kindheitserinnerungen. Kneten lädt ein, in eine wundervolle Fantasiewelt einzutauchen, regt das Zusammenspiel zwischen Augen und Fingern an und fördert die Konzentration und die Beweglichkeit. Aus Knete darf alles entstehen, muss es aber nicht unbedingt. Zahlreiche Kunstwerke entstehen auch erst im Tun.

Material

- Knete in verschiedenen Farben
- Unterlagen für die Tische (Platzsets, Wachstischdecke ...)
- kleine Rollen aus Holz oder Plastik

Ablauf

Geben Sie den Seniorinnen und Senioren zu Beginn ein wenig Zeit, um sich mit dem Material, seiner Konsistenz und den Farben vertraut zu machen. Wenn möglich, suchen die Mitmachenden sich eine Farbe aus und nehmen die Knete in die Hand. Alternativ können Sie je eine Portion Knete an die Seniorinnen und Senioren verteilen. Oft entstehen durch den hohen Aufforderungscharakter der Knete schon eigene Bewegungen und Formen. Lassen Sie den Senioren und sich Zeit für die Erkundung und die eventuellen Erinnerungen. Planen Sie Raum für Gespräche ein. Hier haben wir einige Ideen zusammengestellt, die Sie in die Kurzbegegnung einbauen können. Entscheiden Sie spontan in der Situation, welche Idee mit den Teilnehmenden funktioniert, und nutzen Sie diese flexibel und passen Sie sie gegebenenfalls an die Ressourcen und Bedürfnisse der Mitmachenden an.

- Aus der Knete durch Rollen zwischen den Handflächen einen Ball formen.
- Kleine Stücke Knete von einem größeren Stück abzupfen.
- Kleine Kugeln formen (wenn sie groß genug sind, dann evtl. aus den schon abgezupften Stücken).
- Die kleinen Kugeln übereinanderstapeln. Wenn es für die Zielgruppe geeignet ist, ausprobieren, wer den höchsten Turm bauen kann.

- Kleine Kugeln mit den Händen platt drücken.
- Aus den Kugeln eine dreidimensionale Pyramide bauen (unten sechs Kugeln, in der Mitte drei, oben eine).
- Aus der Knete zwischen den Händen eine Wurst rollen.
- Aus der Knete eine lange, möglichst dünne Schlange rollen.
- Mehrere Schlangen rollen und sie auf die gleiche Länge bringen.
- Aus den Schlangen eine Schnecke drehen (wenn das Schlange-Rollen nicht mehr möglich ist, diesen Schritt vorbereiten).

Zuordnungsspiele selbermachen

Extratipp

Material

- Modelliermasse oder Bastelton, lufthärtend
- Unterlagen für die Tische (Platzsets, Wachstischdecke ...)
- Rollen aus Holz oder Kunststoff
- Ausstechförmchen
- Pappbecher
- Pappe oder Tonpapier in verschiedenen Farben
- evtl. Sprühlack

Bitte beachten Sie: Die Zeit der Kurzbegegnung ist für die Herstellung und das Spielen zu kurz. Wählen Sie nur einen dieser Teile für die Begegnung aus und setzen Sie den anderen in einer weiteren Einheit um.

So wird's gemacht

Die Modelliermasse oder den Bastelton kneten und auf der Unterlage ausrollen. Figuren ausstechen, immer mindestens zwei von jeder Form. Für ein **Memo-Spiel** benötigen Sie zwei gleiche Figuren. Für ein **Zuordnungsspiel** können es auch mehrere sein, die während des Spiels sortiert werden.

Die Figuren können nach dem Trocknen (die Trocknungszeit steht auf der Verpackung des Herstellers) zum Spielen verwendet werden. Um sie haltbarer und abwaschbar zu machen, können sie nach dem Trocknen mit Sprühlack eingesprüht werden.

Memo-Spiel

Gestalten Sie jeweils ein Paar Figuren oder Formen aus der Modelliermasse. Die Paare werden unter Pappbechern versteckt und gemischt. Die Anzahl der Paare machen Sie von den Fähigkeiten der Teilnehmenden abhängig. Die Spielregeln können von dem klassischen Memo-Spiel übernommen und an die Ressourcen der Mitmachenden angepasst werden.

Zuordnungsspiele

Hier haben Sie mehrere Varianten zur Auswahl, da Sie sowohl Formen als auch Farben zuordnen können.

Farben zuordnen: Stechen Sie Figuren in unterschiedlichen Farben aus und lassen Sie sie trocknen. Für das Spiel benötigen Sie zusätzlich ausgeschnittene Pappkreise in den vorher gewählten Farben der Modelliermasse. Nun werden die Figuren den Pappkreisen mit den entsprechenden Farben zugeordnet.

Formen zuordnen: Suchen Sie drei Ausstechförmchen aus und stechen Sie die Figuren in unterschiedlichen Farben aus. Malen Sie die Form groß auf das Tonpapier und schneiden Sie sie aus. Nun werden die Figuren den großen Formen aus Papier zugeordnet.

Beide Zuordnungsvarianten können auch verdeckt gespielt werden. Dafür verstecken Sie die einzelnen Figuren unter den Pappbechern und lassen die Becher einen nach dem anderen anheben. Die Figuren werden der entsprechenden Farbe oder Form zugeordnet.

Sinnlich zueinander finden

Unsere Sinne sind sehr sensibel. Wir können uns einen großen Teil unseres Lebens auf sie verlassen. Mit ihnen wachsen unsere Erfahrungen. Durch sie bekommen wir immer wieder Zugang zu unseren Erinnerungen. Leider verlieren wir mit dem Alter einige unserer Sinnesfähigkeiten. Wir schmecken, hören, sehen und riechen nicht mehr so gut wie früher, und auch das Fühlen mit den Fingern wird zunehmend schwieriger. Haben Sie diese Einschränkungen bei der Planung Ihrer Kurzbegegnungen im Hinterkopf und achten Sie darauf, niemanden zu überfordern. Eine Übung mit Düften etwa kann sehr frustrierend sein und führt nicht zu dem schönen sinnlichen Erlebnis, das eigentlich angedacht war, wenn die Teilnehmenden den Duft einfach nicht riechen können.

Ebenso kann es sein, dass jemand den Duft und Geschmack von beispielsweise Zimt überhaupt nicht mag. Akzeptieren Sie bitte in dem Moment, dass derjenige die Kurzbegegnung ablehnt, und planen Sie um. Besonders der Geruchssinn und der Geschmackssinn sind sehr sensibel und speziell. Was bei dem einen ein wunderbar wohliges Gefühl auslöst, bringt bei dem anderen eine große Abneigung hervor. Im besten Fall informieren Sie sich vorher, welche Düfte oder Geschmäcker die Seniorinnen und Senioren mögen und welche sie gar nicht leiden können.

Achten Sie bei der Zubereitung und beim Kosten von Heißgetränken darauf, dass sich niemand verbrüht und dass die Getränke ausreichend abgekühlt sind. Eventuell bereiten Sie vorab schon eine Kanne Tee zu. Der Tee kann dann bis zur Kurzbegegnung etwas abkühlen.

Bei der Arbeit mit Duftölen sollte auf mögliche allergische Reaktionen oder Irritationen der Haut Rücksicht genommen werden. Informieren Sie sich vorher, wie empfindlich die Haut der Mitmachenden ist.

Auch vor dem Anbieten von Lebensmitteln ist es wichtig, abzuklären, ob jemand Allergien oder Unverträglichkeiten hat oder aufgrund von Erkrankungen auf bestimmte Lebensmittel verzichten muss. Falls Sie mit (Schwerst-)Pflegebedürftigen arbeiten, achten Sie bitte darauf, ob eine Schluckstörung vorliegt.

1 Kaffee

Kaffee sagt man eine belebende Wirkung nach. Wissenschaftlichen Studien zufolge soll er sogar eine gesundheitsfördernde Wirkung auf das Herz-Kreislauf-System haben. Kaffee ist ein Genussmittel. Manch einer trinkt ihn morgens zum Frühstück und nachmittags zur „Kaffeezeit“. Andere trinken ihn in regelmäßigen Abständen über den Tag verteilt. In der Kindheit vieler Seniorinnen und Senioren war Kaffee noch etwas Besonderes, heute ist er für die meisten fast alltäglich geworden. Der Duft von frisch gemahlenem und frisch aufgebrühtem Kaffee weckt zahlreiche Erinnerungen: Erinnerungen an ein gemütliches Frühstück, an Familienfeiern, gemeinsame Kaffeetreffs am Nachmittag oder an Treffen mit Arbeitskollegen in der gemeinschaftlichen Küche.

Material

- ganze Kaffeebohnen
- gemahlenes Kaffeepulver
- Kaffeesatz
- Schalen oder Dosen
- 1 Kaffee-Dosierlöffel
- Kaffeemühle
- Filterpapier
- Handfilter
- 1 Kaffeetasse pro Person (evtl. mit Untersetzer und Löffel)
- heißes Wasser
- evtl. Milch und Zucker
- 2 getrocknete Bohnen (weiße Bohnen, rote Kidney-Bohnen o. Ä.)

Ablauf

Geben Sie die Kaffeebohnen, das Kaffeepulver und den Kaffeesatz in verschiedene Dosen oder Schalen. Stellen Sie die Materialien zusammen auf einen Tisch. Beobachten Sie, was die Seniorinnen und Senioren machen und ob sie selbstständig in Kontakt mit den angebotenen Materialien gehen. Warten Sie einen Augenblick, bevor Sie eine oder mehrere der unten aufgeführten Ideen anregen. Passen Sie diese an die Bedürfnisse und Ressourcen und die aktuelle Situation der einzelnen Teilnehmenden und der Gruppe an.

- Laden Sie die Teilnehmenden ein, an den Kaffeebohnen, dem Kaffeepulver und dem Kaffeesatz zu riechen. Woran erinnern die Düfte?
- Nehmen Sie ein paar Kaffeebohnen in die Hand. Reiben Sie sie zwischen Ihren Fingern. Beschreiben Sie den Duft der Kaffeebohnen. Wer möchte, darf die Übung nachmachen.

- Die Seniorinnen und Senioren löffeln die Kaffeebohnen aus der Schale bzw. der Dose in die Kaffeemühle.
- Die Bohnen mit der Kaffeemühle mahlen, an den frisch gemahlenen Bohnen riechen.
- Eine Tasse Kaffee zubereiten, entweder mit dem Handfilter oder einer Kaffeemaschine. Lassen Sie die Seniorinnen und Senioren die einzelnen Arbeitsschritte so weit wie möglich allein durchführen.
- Trinken Sie gemeinsam eine Tasse Kaffee. Wie schmeckt der Kaffee? Erzählen Sie, welche Erinnerungen sich bei Ihnen einstellen. Die Mitmachenden dürfen ihre Erinnerungen ebenfalls gerne teilen, wenn sie es möchten.
- In einer Schale mit Kaffeepulver drei Kaffeebohnen verstecken. Die Teilnehmenden suchen die drei Bohnen mithilfe des Kaffeelöffels aus dem Pulver heraus.
- In einer Schale mit Kaffeebohnen werden zwei getrocknete (weiße oder rote) Bohnen versteckt. Die Mitmachenden suchen mithilfe des Kaffeelöffels die Bohnen aus den Kaffeebohnen heraus.

Sinnesgeschichte

Lesen Sie die folgende Geschichte langsam vor.

Bei dem Duft von frisch aufgebrühtem Kaffee denke ich oft an die Sonntagnachmittage bei meiner Oma zurück. Sonntags waren wir dort immer zum Kaffeetrinken eingeladen. Es gab selbst gebackenen Kuchen, Plätzchen und frisch aufgesetzten Kaffee. Ich weiß noch, dass die Kaffeekanne aus Porzellan immer auf einem Stövchen mit einem Teelicht stand, damit der Kaffee nicht kalt wurde. Von Thermoskannen auf dem Kaffeetisch hielt meine Oma gar nichts.

Schon beim Reinkommen in die Wohnung wurden wir von dem einmaligen Kaffeeduft begrüßt. Bei diesem Duft kam sofort ein wohliges Gefühl in mir auf, das bis heute immer und immer wieder auftaucht, wenn ich frischen Kaffee rieche. Ein einmaliges Gefühl. Ein Gefühl, das mich natürlich auch immer an meine Oma erinnert. An gemeinsame, gemütliche Sonntagnachmittage. An Willkommen- und Geborgensein. An unbeschwerte Kindertage. Noch heute genieße ich diesen Duft ungemein. Und manchmal bringt er mir auch ein kleines Stück dieser Unbeschwertheit zurück. Zumindest für diesen einen Moment.

2 Tee

Es gibt ihn in vielen verschiedenen Geschmacksrichtungen und Mischungen. Mal soll er eine beruhigende, ein anderes Mal eine belebende Wirkung haben. Manche mögen ihn fruchtig, andere bitter. Auch die Ziehzeit variiert von Sorte zu Sorte. Was alle gemeinsam haben, ist das sinnliche Erleben von Duft und Geschmack. Erinnerungen an gemeinsames Teetrinken und Plaudern, an Wärme, die sich nach einem Spaziergang bei kaltem Wetter im Körper ausbreitet, an Gespräche, die mit einer Tasse warmem Tee in der Hand zu etwas ganz Besonderem werden können.

Material

- loser Tee in verschiedenen Sorten
- Teefilter
- Teebeutel
- heißes Wasser
- Teekanne
- 1 Tasse pro Person
- 1 Teelöffel pro Person
- evtl. ein Tablett
- Zucker oder Kandiszucker in einem Schälchen, ein Löffel dazu
- evtl. etwas Gebäck

Ablauf

Stellen und legen Sie die mitgebrachten Materialien auf einen Tisch, eventuell sogar auf ein Tablett. Warten Sie einen Augenblick auf die Reaktion der Teilnehmenden. Nehmen die Seniorinnen und Senioren selbst Kontakt zu den mitgebrachten Materialien auf, warten Sie mit Ihren Begegnungsideen oder setzen diese lediglich unterstützend ein. Wenn nötig und möglich, bieten Sie anschließend eine oder mehrere der folgenden Vorschläge an. Passen Sie diese an die Ressourcen, Möglichkeiten und Einschränkungen der Teilnehmenden an und verändern Sie sie der Situation entsprechend.

- An den verschiedenen Teesorten riechen. Den Duft beschreiben. Erkennen die Mitmachenden die unterschiedlichen Teesorten? Können sie erraten, welche Zutaten in den Teemischungen enthalten sind?
- Mit einem Löffel den losen Tee in den Teefilter füllen.
- Tee aufgießen, entweder in der Kanne oder in einer Tasse, wahlweise mit dem losen Tee (im Filter) oder mit einem Teebeutel.

- Die Teebeutel aus der Kanne oder der Tasse nehmen, ansehen und beschreiben, wie sich der Tee verändert hat (dazu ggf. Teebeutel nach dem Abkühlen aufschneiden und den Tee mit einem Löffel herausnehmen).
- An dem fertigen Tee riechen und beschreiben, wonach der Tee duftet.
- Den fertigen und schon abgekühlten Tee probieren (evtl. Gebäck dazu reichen).
- Den Tee mit Zucker oder Kandiszucker süßen (wenn es zu der Teesorte passt).

Sinnesgeschichte

Lesen Sie die folgende Geschichte langsam vor.

Ich erinnere mich bei dem Geschmack von frisch aufgegossenem Früchtetee gerne an meine Schulzeit zurück. Damals waren meine beste Freundin und ich fast jeden Nachmittag verabredet. Wir erzählten, lasen Bücher und hörten zusammen Musik. Wenn wir in der Stadt unterwegs waren, gingen wir immer in den Teeladen am Markt. Dort duftete es himmlisch nach einer Mischung aller bevorrateten Teesorten. Meist kauften wir uns eine lose Früchteteemischung, die wir dann immer zusammen zubereiteten und tranken. Ich weiß noch, dass meine Mutter anfangs beunruhigt war, weil wir alleine mit dem heißen Kessel hantierten. Mit der Zeit gewöhnte sie sich aber daran.

Der Tee schmeckte bei jedem Schluck himmlisch. Und ich konnte ganz genau spüren, wie er meinen Körper von innen wärmte und wie sich ein wohliges Gefühl in mir ausbreitete. Noch heute erinnere ich mich bei jeder Tasse Tee an diese Zeit zurück. Und tatsächlich treffen meine damalige Schulfreundin und ich uns heute noch einmal im Monat auf einen Spaziergang in die Stadt. Dann gehen wir in den so herrlich duftenden Teeladen und genießen anschließend gemeinsam eine Tasse heißen, frischen Tee.

3 Sand

Er ist weich, schmiegt sich an unsere Füße, wenn wir durch ihn hindurchlaufen, und kann sich mal kühl und erfrischend und mal angenehm wärmend anfühlen. Man kann ihn formen und Buchstaben hineinzeichnen. Und doch ist fast jede Form, die man ihm gibt, im Laufe der Zeit vergänglich.

Material

- 1 Schale mit Sand
- 1 Tablett
- Muscheln (alternativ Murmeln, weiße oder rote Bohnen, getrocknete Erbsen oder kleine Holzperlen)
- Tee- und Esslöffel

Ablauf

Stellen Sie die Materialien auf einen Tisch und geben Sie den Seniorinnen und Senioren einen Augenblick Zeit, um sich die Dinge in Ruhe anzusehen. Eventuell möchte die eine oder der andere schon in Berührung mit dem Sand oder den Muscheln gehen. Das ist völlig in Ordnung! Je mehr die Mitmachenden selbst in die Begegnung mit den angebotenen Materialien gehen, desto besser. Wenn Ihre Seniorinnen und Senioren Angebote brauchen, suchen Sie sich eine oder mehrere Ideen aus unseren Kurzbegegnungen aus und passen Sie sie der Situation und den Fähigkeiten der mitmachenden Senioren an.

- Die Hände im Sand hin- und herbewegen, dabei zum Beispiel im Wechsel eine Faust machen und die Finger wieder ausstrecken.
- Sand mit einer Hand aus der Schale nehmen, die Hand ungefähr 30 cm über die Schale halten und den Sand langsam wieder in die Schale hineinrieseln lassen.
- Sand im Pinzettengriff zwischen Daumen und Zeigefinger aus der Schale nehmen und langsam wieder zurückrieseln lassen.
- In der Schale versteckte Muscheln entweder mit den Händen oder mit einem Löffel im Sand suchen.

- Verstecken Sie Muscheln, Bohnen und Erbsen in der Schale. Die Teilnehmenden suchen eine Sorte davon heraus.
- Den Sand mit den Händen oder einem Löffel aus der Schale auf das Tablett geben, sodass schließlich der Boden des Tabletts nicht mehr zu sehen ist.
- Malen Sie mit dem Zeigefinger eine Figur oder Form in den Sand auf dem Tablett. Erkennen die Seniorinnen und Senioren, was gemalt wurde?
- Die Teilnehmenden malen eine vorgegebene (oder selbst ausgesuchte) Form in den Sand auf dem Tablett. Die anderen Teilnehmenden dürfen raten, was es ist.
- Buchstaben in den Sand schreiben; wenn es die Größe des Tabletts zulässt, den eigenen Namen in den Sand schreiben.

Sinnesgeschichte

Lesen Sie die folgende Geschichte langsam vor.

Den warmen Sand unter meinen Füßen zu spüren, das ist schon seit Kindertagen für mich der Inbegriff von Sommer. Ich genieße es, wenn sich die Sandkörner ganz sanft um meine Füße schmiegen. Wenn sie sich meinen Bewegungen anpassen und eine wohlige Wärme abgeben. Wenn ich zurückblicke und meine Fußspuren im Sand sehen kann. Wie oft habe ich mich früher in den Sand gekniet und eine Handvoll von den hellen, feinen Sandkörnern in die andere rieseln lassen. Dabei habe ich die Wärme der Sandkörner auf meiner Handfläche spüren können. Das weiche Gefühl genossen, das sie auf der Haut hinterlassen. So oft bin ich durch den Sand spazieren gegangen und habe mir den leichten Sommerwind um die Nase wehen lassen. Ich habe es immer als kleines Wunder empfunden zu spüren, wie unterschiedlich sich nasser und ganz trockener Sand unter meinen Füßen an meine Haut geschmiegt hat.

Noch heute denke ich an so viele Momente meiner Kindheit zurück, in denen ich mich von dem Sand verzaubern ließ. Und mit jedem Schritt, den ich heute in warmem Sand spazieren gehe, gehe ich ein Stück weit in den Fußspuren meiner Kindheit.

4 Gras

Der Duft von frisch gemähtem Gras erinnert viele von uns an das Rasenmähen früher in Kindertagen. An einen lauen Frühlingstag in der Natur. Oder an entspanntes Liegen an einem Badesee im Sommer. Wecken Sie die Erinnerungen mit ganz einfachen Naturmaterialien.

Material

- 1 Stück abgestochener Rasen oder eine Schale, in die Gras gepflanzt wurde
- etwas gemähtes Gras in einer Schale
- etwas Heu in einer Schale
- Grassamen
- Erde
- Sprühflasche mit Wasser
- mehrere leere Schalen

Ablauf

Bieten Sie den Seniorinnen und Senioren die verschiedenen Grasarten an und warten Sie einen Augenblick, ob die Teilnehmenden selbst in Berührung damit gehen. Naturmaterialien haben oft einen ganz besonderen Aufforderungscharakter und schaffen schnelle Verbindungen – unter den Teilnehmenden, aber auch im Kontakt mit Ihnen als Gruppenleitung. Beobachten Sie, wie die Mitmachenden auf die Gräser reagieren, und lauschen Sie eventuellen Erzählungen. Sobald die Seniorinnen und Senioren Unterstützung in der Begegnung benötigen, bieten Sie ihnen eine oder mehrere der vorgeschlagenen Ideen an, und passen Sie sie der Situation und den Ressourcen der Mitmachenden an.

- An dem Gras riechen; beschreiben, wie das Gras in der Schale, das Heu und das gemähte Gras duften.
- Mit den Handflächen über das Gras streichen (ganz vorsichtig über die Spitzen).
- Mit den Handflächen über das Gras streichen und das Gras dabei leicht nach unten drücken.

- Mit dem Handrücken über das Gras streichen.
- Das gemähte Gras von einer Schale in eine andere, leere Schale legen.
- Das Heu aus der Schale nehmen und in eine leere Schale legen.
- Von dem noch wachsenden Gras einige Halme vorsichtig mit den Fingern abzupfen.
- Gemeinsam eine leere Schale mit Erde füllen und Grassamen hineinsäen. Die Samen andrücken und mit ein wenig Wasser aus einer Sprühflasche befeuchten.

Sinnesgeschichte

Lesen Sie die folgende Geschichte langsam vor.

Wenn ich barfuß durch das Gras gehe und die Grashalme unter meinen Fußsohlen kitzeln, denke ich ganz häufig an laue Frühlingsnachmittage in unserem Garten zurück. Wie gerne bin ich als Kind über die Wiese gelaufen und habe das weiche Gras genossen. Habe eine enge Verbundenheit mit der Natur gespürt. Das satte Grün der Wiese geliebt. Alles blühte. Alles stand auf Neuanfang und hatte neue Kraft. Ich nahm diese Kraft so gerne in mir auf. Spürte das frische Gras. Die Kraft der Halme, die sich immer wieder aufstellten, wenn meine Füße weitergingen.

Ich weiß noch, wie ich Marienkäfer beobachtete, die an einem Grashalm in Richtung Himmel kletterten. Mich faszinierte es, dass sie einerseits so leicht und klein und zierlich, auf der anderen Seite aber so kräftig waren und scheinbar jedes Hindernis bewältigen konnten. Oft legte ich mich auch einfach ins Gras und schaute, wie die Wolken am Himmel über mich hinwegzogen. Friedlich und ruhig bewegten sie sich langsam über den strahlend blauen Himmel. Unter mir spürte ich das weiche Gras, das mich ganz sanft trug. Immer, wenn ich heute über die Wiese in unserem Garten gehe, denke ich an diese friedliche und unbekümmerte Zeit meiner Kindheit zurück.

5 Wasser

Wir brauchen es zum Leben. Es bedeckt den größten Teil unserer Erde – und doch müssen wir achtgeben, nicht leichtfertig damit umzugehen. Wasser ist ein sehr kostbares Gut. Für uns Menschen, für die Tiere und für die Pflanzen auf unserer Erde. Kinder zieht es magisch an. Schenken wir auch den nächsten Generationen dieses Leben und diese Freude weiter.

Material

- Wasser
- mehrere Glaskannen
- mehrere Glasschüsseln
- Lebensmittelfarbe (in Rot und Gelb, Blau und Gelb oder Blau und Rot)
- kleine Gegenstände, die unterschiedlich in Wasser abtauchen (z. B. Muschel, Münze, Kieselstein, Perle, Würfel, Murmel)
- Eiswürfel
- Teller
- Gläser

Ablauf

Bereiten Sie einen Tisch mit den Materialien für die Kurzbegegnung vor und füllen Sie Wasser in Kannen und Glasschüsseln. Lassen Sie auch einzelne Schüsseln leer. Färben Sie das Wasser in zwei Kannen mit Lebensmittelfarbe. Geben Sie zu Beginn den Seniorinnen und Senioren einen Augenblick Zeit, um sich alles in Ruhe anzusehen und ggf. auch schon zu erfühlen. Alles ist erlaubt. Haben die Mitmachenden selbst Ideen, wie sie dem Medium Wasser begegnen könnten, lassen Sie ihnen gerne Raum dafür. Wird Unterstützung benötigt, suchen Sie sich eine oder mehrere der unten stehenden Ideen aus und passen Sie diese an den Moment, die Fähigkeiten und Bedürfnisse der Teilnehmenden an.

- Das klare Wasser aus einer Kanne in eine Schüssel gießen.
- Das Wasser unterschiedlich schnell in die Schüssel gießen. Beschreiben Sie, wie sich das jeweilige Geräusch anhört (zum Beispiel wie ein Wasserfall, Regentropfen, eine Quelle, ein Bach …). Je nach Ressourcen können die Teilnehmenden die Geräusche auch selbst beschreiben.
- Die Fingerspitzen in eine Schale mit Wasser halten und ganz leicht bewegen.

- Die Finger in der Schale etwas schneller bewegen, sodass das Wasser leicht plätschert.
- Das Wasser mit der blauen Lebensmittelfarbe in eine Schale füllen. Das Wasser mit der gelben Lebensmittelfarbe ganz langsam dazugeben. Beschreiben Sie, was passiert. Wenn möglich, beschreiben die Seniorinnen und Senioren, was sie beobachten.
- Einen Eiswürfel mit dem Zeigefinger auf einem Teller hin und herbewegen. Beobachten und beschreiben, was geschieht und wie sich das anfühlt.
- Einen Eiswürfel in ein Glas mit Wasser legen. Gemeinsam beobachten, was passiert (je wärmer das Wasser, desto schneller löst sich der Eiswürfel auf). Beschreiben Sie, was Sie sehen.
- Die kleinen Gegenstände nacheinander in eine Schüssel mit Wasser gleiten lassen. Gemeinsam beobachten, ob und wie die Gegenstände untergehen, welche Gemeinsamkeiten und Unterschiede es gibt.

Sinnesgeschichte

Lesen Sie die folgende Geschichte langsam vor.

Wir waren oft mit meinen Eltern wandern. Ich weiß noch, dass ich die Quellen und Bäche, die uns auf unseren Wegen begegneten, besonders mochte. Ich konnte minutenlang, ja, sogar stundenlang am Wegesrand sitzen und das Wasser plätschern und rauschen hören. In dieser Zeit konzentrierte ich mich wirklich nur auf das Wasser. Beobachtete, wie es vor sich hinplätscherte, hier langsam und da schneller, mal kräftig und stark und mal ganz ruhig und sanft. Ich schloss ganz oft meine Augen und versuchte, mir nur durch das Hören ein Bild von dem Wasser zu machen. Ich stellte mir vor, welche Farbe es hatte. Oder wie breit der Fluss war, in dem es floss. Wie hoch die Quelle lag, aus der das Wasser sich seinen Weg bahnte. Dabei gab es Gewässer, die laut, und auch welche, die ganz leise waren. Wasser, das sich in Wellen bewegte, und auch solches, das so langsam vorankam, dass man nur ein leises Gluckern hörte. Ich weiß noch ganz genau, wie sehr ich diese Zeiten liebte.

Noch heute halte ich an Bächen, Flüssen und Seen gerne inne und genieße die Geräusche und Bilder des Wassers. Und oft denke ich auch an die Zeit zurück, in der ich als kleines Mädchen am Wegesrand saß und dieses große Wunder der Natur erleben durfte.

6 Zitrusfrüchte

Eigentlich sind sie hier gar nicht heimisch. Und doch gehören sie zu unserem Leben. Ob pur, gepresst als Vitaminspender oder als Frischekick im Salat – sie sind sehr gesund und vielseitig. Manchmal schmecken sie süß, ein anderes Mal sind sie unglaublich sauer. Durch sie haben wir in unserer Kindheit gelernt, den Spruch „Sauer macht lustig" zu verstehen.

Material

- Zitrusfrüchte (Orangen, Mandarinen, Zitronen, Grapefruits)
- 1 große Schale
- 1 Schälmesser/Obstmesser
- Holzspieße
- Saftpresse
- 1 kleines Trinkglas pro Person

Ablauf

Legen Sie die Früchte in eine Schale und stellen Sie sie mit den anderen Materialien zusammen auf einen Tisch. Geben Sie den Seniorinnen und Senioren zu Beginn der Kurzbegegnung einen Augenblick Zeit, um sich die angebotenen Dinge anzusehen und sie vielleicht auch schon in die Hand zu nehmen. Vielleicht wird auch bereits der Duft der Früchte wahrgenommen. Gehen die Mitmachenden selbst in Kontakt mit den angebotenen Materialien, begleiten Sie die Begegnung in dem Rahmen, der möglich und nötig ist. Benötigen die Seniorinnen und Senioren Ihre Unterstützung, suchen Sie eine oder mehrere der folgenden Möglichkeiten aus und passen sie an die Situation, die Ressourcen und Bedürfnisse der Teilnehmenden an.

- Schälen Sie die Früchte. Beschreiben Sie, wie sich das anfühlt, und geben Sie den Teilnehmenden die Möglichkeit, an den Schalen und Früchten zu riechen.
- Zerteilen Sie die Früchte in einzelne Stücke. Wie sehen sie aus? Wo sind bei den verschiedenen Früchten die Unterschiede und Gemeinsamkeiten? Verändert sich der Duft?

- Probieren Sie die Früchte gemeinsam mit den Seniorinnen und Senioren, beschreiben Sie den Geschmack der einzelnen Früchte und vergleichen Sie die unterschiedlichen Geschmäcker miteinander.
- Schneiden Sie Früchte in kleine Stücke. Fordern Sie die Teilnehmenden auf, die Stücke auf einen Holzspieß zu stecken – entweder in einer vorgegebenen Reihenfolge oder frei nach Lust und Laune.
- **Vorbereitung:** Schneiden Sie Orangen und Zitronen vorab in Scheiben und trocknen Sie sie in einem Backofen. Dafür werden die Scheiben nebeneinander auf ein mit Backpapier ausgelegtes Backofengitter gelegt und bei etwa 100°C für zwei bis drei Stunden bei leicht geöffneter Backofentür getrocknet. Nach jeweils 30 Minuten können die Scheiben gewendet werden. Die fertig getrockneten Scheiben zusammen mit den Seniorinnen und Senioren anschauen und befühlen.
- Pressen Sie die Früchte aus und bereiten Sie einen vitaminreichen Saft zu. Die Mischung und den Anteil an sauren und süßen Früchten bestimmen Sie selbst oder mit den Teilnehmenden gemeinsam. Auch das Auspressen kann, je nach vorhandenen Ressourcen und motorischen Möglichkeiten, von den Seniorinnen und Senioren übernommen werden.
- Füllen Sie den Saft in kleine Gläser und probieren Sie ihn gemeinsam. Beschreiben Sie den Geschmack oder lassen Sie ihn, je nach Möglichkeiten, von den Seniorinnen und Senioren beschreiben.

Sinnesgeschichte

Lessen Sie die folgende Geschichte langsam vor.

Der Duft von Orangen erinnert mich an die Winterzeit. An kalte Tage und gemütliche Stunden im warmen Zuhause. An Spaziergänge, für die wir uns immer warm eingepackt haben – mit Mütze, Schal, Handschuhen und dicken Wollsocken. Meine Mutter bestand früher immer darauf, dass wir lange Unterwäsche trugen und am besten viele Schichten Kleidung übereinander anzogen. Ich weiß noch, dass uns das als Kinder gar nicht gefiel und wir das ziemlich umständlich fanden. Im Grunde hatte die Mutter natürlich Recht. Und tief in uns drin wussten wir das auch.

Genauso, dass Vitamine für uns wichtig sind. Besonders in der kalten Jahreszeit. Davon viele zu naschen, fiel uns wiederum leicht. Ich weiß noch, dass wir liebend gerne Orangen aßen. Auch von Mandarinen und Grapefruits konnten wir nicht genug bekommen. Es duftete immer so herrlich, wenn wir anfingen, die Schale abzupellen. Der ganze Raum, ja die ganze Wohnung war alsbald von dem Duft erfüllt. Auf unserer Zunge entfaltete sich ein süßer und zugleich säuerlicher Geschmack. Meine Mutter schaffte es, die Früchte so zu schälen, dass fast nichts Weißes von der Schale zurückblieb. Am schönsten war es natürlich, wenn wir die kleinen Orangen- und Mandarinenstückchen vorbereitet bekamen und einfach in den Mund stecken konnten. Dann aßen wir die herrlichen Vitamine noch viel lieber.

Heute schäle ich die Mandarinen und Orangen für meine Enkelkinder. Und wenn sich der Duft der Früchte bei uns in der Wohnung verbreitet, denke ich gerne an so manche winterliche Stunde von früher zurück.

7 Erde

Sie lässt Pflanzen wachsen, schenkt ihnen Nährstoffe und Halt. In ihr entsteht fortan neues Leben. Kinder lieben es, mit ihr zu spielen, zu matschen und Regenwürmer aufzustöbern. Am Ende schließt sich mit ihr unser Lebenskreis.

Material

- Blumenerde
- 1 große Schale oder Schüssel
- 1 kleine Schale
- 1 kleine Schaufel
- 1 kleine Harke
- kleine Kartoffeln (mit Schale)
- Blumensamen
- mehrere Setzlinge
- Gartenhandschuhe
- Gießkanne oder Sprühflasche mit Wasser
- 1 kleiner Löffel oder Stock

Ablauf

Auch Erde ist ein sehr sinnliches Material für Kurzbegegnungen. Man kann sie sehen, riechen und fühlen. Über die Sinne werden Erinnerungen geweckt. Lassen Sie den Seniorinnen und Senioren demnach ein wenig Zeit, um sich mit dem Medium vertraut zu machen und damit in Kontakt zu gehen. Alles ist erlaubt! Auch Formen der Begegnung, die nicht in unseren Ideen vorkommen. Bleiben die Teilnehmenden von sich aus in Kontakt mit der Erde und/oder den angebotenen Materialien, bleiben Sie einfach dabei und begleiten die Begegnung. Wird Ihre Unterstützung benötigt, suchen Sie eine oder mehrere unserer Ideen aus und passen sie an die Situation, die Bedürfnisse und die Fähigkeiten der Mitmachenden an.

- Die Blumenerde mit der Schaufel in die große Schale geben.
- Die Erde mit den Händen (ggf. mit Gartenhandschuhen) kleinbröseln; beschreiben, wie sich das anfühlt, zum Beispiel ob sie feucht oder trocken ist, hart oder weich …
- Die Blumenerde gleichmäßig in der Schale verteilen.
- Die Blumenerde mit der Harke in der Schale glatt harken.

- Verstecken Sie kleine Kartoffeln in der Erde. Die Teilnehmenden suchen mit den Händen nach den Kartoffeln und graben sie aus. (Wer möchte, darf dafür Gartenhandschuhe anziehen, in dem Fall ist es aber schwieriger, die Kartoffeln in der Erde zu fühlen.)
- Die Erde glatt harken und mit den Fingern Vertiefungen hineindrücken. Die Blumensamen in die Vertiefungen legen und ein wenig Erde darüber verteilen. Mit etwas Wasser anfeuchten.
- Die Erde in der Schale glatt harken und kleine Löcher für die Setzlinge graben. Die Setzlinge einpflanzen und andrücken. Die neu gesetzten Pflanzen mit Wasser anfeuchten.
- Ein wenig Erde in die kleine Schale geben und Wasser dazu gießen. Mit dem kleinen Löffel oder dem Stock zu einer Masse zusammenrühren, sodass „Matsch" entsteht. Die Reaktion der Seniorinnen und Senioren abwarten

Sinnesgeschichte

Lesen Sie die folgende Geschichte langsam vor.

Früher habe ich oft mit meinem Opa im Garten gearbeitet. Ich weiß noch genau, wie die Erde roch, aus der wir im Herbst die Kartoffeln ausgruben und im Frühling das Unkraut zupften. Meine Mutter hat immer sehr „bescheiden" geguckt, wenn meine Hose über und über mit Erde eingeschmiert war. Aber ich habe mich pudelwohl damit gefühlt. Außerdem bröckelte ja sowieso ein Großteil der Erde ganz von alleine ab, sobald sie trocknete.

Ich weiß noch, dass ich es immer sehr schön fand, wenn die Erde in den Beeten frisch geharkt war und eine dunklere Farbe als vorher hatte. Alles roch danach so frisch nach feuchter Erde. Noch heute erinnere ich mich bei dem Duft von frischer Erde an unseren Garten zu Hause, an die gemeinsame Zeit mit meinem Opa und an meine bescheiden dreinschauende Mutter, die tief in ihrem Innersten aber eigentlich glücklich war, dass ich so viel wunderschöne und erfüllende Zeit mit meinem Opa verbrachte.

Und immer, wenn ich heute Unkraut in meinem eigenen Garten zupfe, wenn ich die Beete harke oder unsere Kartoffeln und Möhren ernte, denke ich an diese schöne und zufriedene Zeit meiner Kindheit zurück.

8 Pfefferminze

Pfefferminze hat sowohl eine beruhigende als auch eine anregende Wirkung. Viele kennen sie als Tee, als erfrischendes Bonbon oder als frische Pflanze im Kräuterbeet. Sie wirkt krampflösend bei Magen-Darm-Beschwerden, anregend auf die Gallensaftproduktion, kann Kopfschmerzen lindern und wird zum Inhalieren bei Erkältungskrankheiten eingesetzt. Manch einem hilft ein Tee aus frischen oder getrockneten Pfefferminzblättern, um ruhiger einzuschlafen.

Material

- frische Pfefferminze (abgeschnittene Stiele in einer Vase oder die ganze Pflanze in einem Topf)
- Pfefferminzteebeutel
- Pfefferminzbonbons oder -pastillen
- Pfefferminzbruch
- Pfefferminzöl
- 1 großes Tablett
- 1 Tasse pro Person
- heißes Wasser
- Küchengarn
- Watte

Ablauf

Stellen und legen Sie die mitgebrachten Materialien auf das Tablett. Geben Sie den Seniorinnen und Senioren einen Augenblick Zeit, sich die Dinge anzusehen und damit in Beziehung zu treten. Warten Sie, ob die Mitmachenden selbst in Aktion gehen, bevor Sie eine oder mehrere der folgenden Ideen anbieten. Wählen Sie aus, was für die Mitmachenden und die aktuelle Situation am besten passt. Passen Sie die Vorschläge individuell an die Ressourcen und die Bedürfnisse der Teilnehmenden an.

- Laden Sie die Mitmachenden dazu ein, mit Daumen und Zeigerfingern an den Blättern der frischen Pfefferminze zu reiben und anschließend daran zu riechen. Woran erinnert der Duft?
- Gießen Sie aus dem heißen Wasser und den frischen Pfefferminzblättern oder den Teebeuteln einen Tee auf. Lassen Sie ihn ziehen und ein wenig abkühlen. Eventuell gießen Sie den Tee auch gemeinsam mit den Seniorinnen und Senioren auf, bieten aber schon vorher vorbereiteten und abgekühlten Tee zum Trinken an.

- Fragen Sie die Teilnehmenden, an was sie bei dem Geschmack der Minze denken. Welche Erinnerungen werden geweckt? Wer mag Pfefferminze? Wer nicht?
- Probieren Sie gemeinsam den Pfefferminzbruch und die Pfefferminzbonbons- oder Pastillen. Vielleicht kann sich jeder für ein Produkt entscheiden. Wie schmecken die Produkte? An was erinnert der Geschmack? Gibt es Erlebnisse dazu aus der Kindheit?
- Minze trocknen: Stellen Sie mit den Seniorinnen und Senioren selbst getrocknete Minzblätter her. Schneiden Sie dafür die Stiele der Minze ab und binden Sie zwei bis drei Stiele mit Küchengarn zusammen. Hängen Sie die kleinen Sträußchen zum Trocknen auf. Nun heißt es: warten. Für ein zeitnahes Ergebnis zum Anschauen und Anfassen können Sie vorbereitete getrocknete Minzblätter mitbringen.
- Träufeln Sie einige Tropfen Pfefferminzöl auf ein Tuch oder einen Wattebausch. Lassen Sie die Seniorinnen und Senioren daran riechen und unterhalten Sie sich über den Duft.
- Wenn verträglich, geben Sie einen Tropfen Pfefferminzöl auf den Unterarm der Mitmachenden. Wie fühlt sich das Öl auf der Haut an? Beschreiben Sie evtl. ihr eigenes Gefühl, wenn das selbstständige Formulieren nicht mehr (ganz) möglich ist

Sinnesgeschichte

Lesen Sie die folgende Geschichte langsam vor.

Als Kind habe ich Pfefferminz geliebt. Ich weiß noch, dass ich mir auf dem Rückweg von der Schule oft Pfefferminzbruch gekauft habe. Den in Rosa und Weiß. Von meinem eigenen Taschengeld. Und heimlich natürlich. Er schmeckte himmlisch. Erfrischend und süß zugleich. Ich habe immer ganz kleine Stückchen abgebissen und diese dann ganz, ganz langsam auf meiner Zunge zergehen lassen. So lange, bis wirklich nichts mehr da war. Erst dann habe ich das nächste Stückchen genossen. Oft bin ich extra langsam gelaufen, um mich so lange wie möglich auf den köstlichen Geschmack zu konzentrieren. Zu langsam durfte es aber natürlich auch nicht sein, sonst hätte meine Mutter sich Sorgen gemacht, dass mir auf dem Schulweg etwas passiert wäre. Die Papiertüte, in die der Verkäufer den Pfefferminzbruch hineingelegt hatte, faltete ich anschließend sorgfältig zusammen und steckte sie unauffällig in meine linke Jackentasche. Vorher schaute ich noch einmal hinein, ob sich nicht doch noch irgendwo ein Krümel Pfefferminz versteckt hatte.

Noch heute denke ich bei dem Duft von Pfefferminz an diese Zeit meiner Kindheit zurück. Und dann spüre ich dieses kleine große Fünkchen Glück, das sich in mir ausweitete, wenn ich mir den Pfefferminzbruch mal wieder von meinem eigenen Taschengeld kaufen konnte. An das kühlende Gefühl auf der Zunge und den frischen, süßen Geschmack in meinem Mund.

9 Lavendel

Ihm wird eine beruhigende Wirkung zugesagt. Blühende Lavendelfelder sind eine Schönheit für sich und haben ihren ganz eigenen Zauber. Der Duft ist einzigartig. Kommen Sie mit auf eine Reise in die Erinnerung.

Material

- frischer Lavendel
- getrocknete Lavendelsamen
- Lavendelöl
- Watte oder Duftstein
- mehrere kleine Stoffsäckchen
- Schleifenband
- Löffel
- Teller
- Schere

Ablauf

Die Begegnung mit Lavendel läuft hauptsächlich über den Geruchssinn. Hier wäre es von großem Vorteil, wenn die Seniorinnen und Senioren den Duft des Lavendels wirklich noch wahrnehmen könnten. Eine andere Form der Begegnung ist aber nicht unmöglich. Beschreiben Sie ganz viel. Wie duftet der Lavendel? Wie ist man früher in Kontakt damit gekommen? Erinnern Sie zum Beispiel an Duftsäckchen und Lavendelfelder. Geben Sie den Teilnehmenden zu Beginn einen Augenblick Zeit, um selbst in die Begegnung mit den angebotenen Materialien zu gehen. Sollten die Mitmachenden Ihre Unterstützung benötigen, suchen Sie sich eine oder mehrere der unten stehenden Ideen aus und passen Sie sie an die Bedürfnisse und die Ressourcen der Teilnehmenden an.

- An der frischen Lavendelpflanze riechen und den Duft beschreiben.
- Einige der getrocknete Lavendelsamen in die Hand nehmen und zwischen den Fingerspitzen reiben. Den Duft beschreiben. Wie wird der Duft empfunden? Womit könnte man ihn vielleicht sogar vergleichen?
- Einige Stängel des frischen Lavendels zu einem kleinen Strauß zusammenbinden.
- Lavendelblüten mit den Fingern von den Halmen auf einen Teller streifen.

- Getrockneten Lavendelsamen mit einem Löffel in ein Stoffsäckchen geben. Das Stoffsäckchen zubinden. Kann man den Duft des Lavendels auch durch das Säckchen riechen?
- Die Seniorinnen und Senioren bekommen ein Duftsäckchen in die Hand und haben Zeit zum Fühlen. Beschreiben Sie gemeinsam, wie sich das Säckchen von außen anfühlt.
- Träufeln Sie zwei oder drei Tropfen Lavendelöl auf einen Wattebausch und warten Sie, bis sich der Duft im Raum verteilt. Wird der Duft als angenehm empfunden? Können die Teilnehmenden eine Wirkung wahrnehmen?

Sinnesgeschichte

Lesen Sie die folgende Geschichte langsam vor.

Früher habe ich oft mit meiner Mutter Lavendelblüten getrocknet und Duftsäckchen selbst gemacht. Meine Mutter sagte immer, dass Lavendel eine beruhigende Wirkung auf uns Menschen habe. Ich habe erst später verstanden, was sie damit meinte. Ich mochte den Duft von Lavendel. Das war mir damals das Wichtigste. Ich liebte es, wenn der Lavendel blühte. Wenn die Bienen und Hummeln um die dunkelblau und lila blühenden Blüten flogen. Und wenn die Luft einen Hauch von Lavendel mit sich trug.

Zum Trocknen der Blüten haben wir den abgeschnittenen Lavendel in Bündel zusammengebunden und dann kopfüber aufgehängt. Während der Trocknungszeit hat meine Mutter abends kleine Säckchen genäht, in die der getrocknete Lavendel dann später eingefüllt wurde. Das Befüllen habe ich übernommen. Und ich war immer sehr vorsichtig, dass auch keine Blüte verloren ging. Als ich alt genug war, war ich sehr stolz, auch endlich die Schleifen oben an den Säckchen zubinden zu dürfen. Am liebsten hatte ich das dunkelblaue Schleifenband. Nach jedem fertigen Säckchen machte ich die Duftprobe und testete, ob man den Lavendel auch noch durch den Stoff riechen konnte. Und das konnte man. Wir verschenkten die mit Lavendel gefüllten Duftsäckchen an Freunde und Verwandte und schafften damit ganz schnell eine schöne Tradition, an der viele Menschen in unserem Umfeld Freude hatten.

Noch heute erinnert mich blühender und vor allem duftender Lavendel an diese schöne Zeit.

10 Rosen

Sie gilt als die Königin unter den Blumen, blüht in den wunderschönsten Farben und gibt dem Juni seinen Beinamen „Rosenmonat". Sie tanzt auf vielen Hochzeiten, denn sie steht für die Liebe. Hobbygärtner hegen und pflegen sie. Ihre Blüten sind zart und erscheinen unglaublich kostbar.

Material

- frische dornenlose Rosen in unterschiedlichen Sorten und Farben
- ggf. einige künstliche Rosenblüten
- 1 Vase
- 1 Gießkanne mit Wasser
- 1 Schere
- 1 leeres Körbchen
- 1 Körbchen mit weißen Kieselsteinen

Vorbereitung: Entfernen Sie ggf. die Dornen der Rosen.

Ablauf

Stellen Sie die Rosen und die anderen Materialien vorbereitend in die Tischmitte und geben Sie den Seniorinnen und Senioren zu Beginn der Begegnung einen Augenblick Zeit, um eventuell selbst in Kontakt damit zu gehen. Benötigen die Mitmachenden Ihre Unterstützung, suchen Sie sich einen oder mehrere der folgenden Vorschläge aus und passen Sie sie an den Moment, die Bedürfnisse und die Fähigkeiten der Teilnehmenden an.

- Die Vase mit dem Wasser aus der Gießkanne füllen.
- Die Blumen in die Vase stellen und gleichmäßig verteilen, evtl. vorher anschneiden.
- Den Strauß beschreiben. Wie sehen die Rosen aus? Wie duften sie?
- Die drei schönsten Rosen aussuchen und aus der Vase nehmen.

- Die Farbe und die Form der ausgesuchten Rosen beschreiben.
- Vorsichtig die einzelnen Blütenblätter der Rosen abzupfen und in das Körbchen legen. Alternativ kann das Körbchen auch mit künstlichen Rosenblüten gefüllt werden.
- Verteilen Sie die weißen Kieselsteine auf dem Tisch. Legen Sie die Blütenblätter daneben. Tasten Sie gemeinsam mit den Seniorinnen und Senioren, wie die Blütenblätter und wie die Kieselsteine sich anfühlen. Gemeinsamkeiten und Unterschiede beschreiben.
- Einen Kreis aus Kieselsteinen und Blütenblättern legen. Dafür die Kieselsteine und Blüten immer abwechselnd nebeneinanderlegen.

Sinnesgeschichte

Lesen Sie die folgende Geschichte langsam vor.

Ich bin eine echte Rosenfreundin. Ich liebe den Duft dieser wunderschön blühenden Blumen. Und die Farben der Blüten. So leuchtend und kräftig. Ich kann gar nicht sagen, welche Blütenfarbe ich am schönsten finde.

Mein Vater sagte immer, dass ich natürlich eine Rosenfreundin sei, weil ich ja im Juni Geburtstag habe. Ob man das so vorherbestimmt sagen kann, weiß ich nicht. Aber ich glaube, dass bei mir eine ganz besondere Leidenschaft dahintersteckt. Ich weiß noch, dass ich stunden-, ja, sogar tagelang im Garten meines Onkels verbrachte, um die blühenden Rosen anzusehen und es ihnen gut gehen zu lassen. Mein Onkel war ein ebenso großer Rosenfreund wie ich. Und das schienen die Rosen zu spüren. Sie wuchsen und wuchsen und blühten in den schönsten und kräftigsten Farben. Besonders faszinierte mich der Rosenbogen in der Mitte seines Gartens. Dort führte ein Kiesweg hindurch. Es sah wunderschön aus. Die Rosen, die sich um den Bogen rankten, waren dunkelrot. Wie oft ging ich unter dem Bogen hindurch und fühlte mich wie eine Prinzessin.

In meinem Garten blühen heute fast ebenso viele Rosen wie in dem Garten meines Onkels damals. Und ganz oft denke ich beim Anblick meiner blühenden Rosen an diese unbeschwerte und schöne Zeit in meiner Kindheit zurück.

11 Honig

Er ist ein Süßungsmittel aus der Natur. Seine Produktion und die fleißige Arbeit der emsigen Bienenvölker bergen für viele eine hohe Faszination. Manch einer liebt ihn, der andere mag den Geschmack oder Duft gar nicht leiden. Als Heilmittel wird ihm eine entzündungshemmende Wirkung nachgesagt. Für viele weckt er Erinnerungen an ein umsorgtes Gesundwerden in der Kindheit.

Material

- verschiedene Honigsorten in Honiggläsern
- ausreichend Honiglöffel
- kleine Schälchen
- kleine Probierlöffel
- Joghurt oder Quark
- warmer Früchtetee
- 1 Tasse pro Person
- kleine Stücke Brot
- Bienenwachskerzen
- pro Person 1 Bienenwachsplatte mit Docht

Ablauf

Stellen Sie alle vorbereiteten Materialien in die Mitte eines Tisches. Geben Sie den Seniorinnen und Senioren zu Beginn einen Augenblick Zeit und damit die Möglichkeit, selbst in Kontakt mit den angebotenen Materialien zu gehen. Gelingt es den Teilnehmenden selbst, in der Begegnung zu bleiben, begleiten Sie sie einfach so viel wie nötig und so wenig wie möglich. Wird Ihre Unterstützung gebraucht, suchen Sie sich eine oder mehrere der unten stehenden Ideen aus und passen diese an die aktuelle Situation und die Bedürfnisse und Ressourcen der Mitmachenden an.

- Schauen Sie sich gemeinsam die Honigsorten an und beschreiben Sie die Konsistenz, die Farbe und den Duft. Können die Teilnehmenden die Sorten benennen oder schätzen, um welche Honigsorte es sich jeweils handelt?
- Den Honig mit dem Honiglöffel aus den Honiggläsern in die Schälchen füllen (ein Schälchen pro Sorte).
- Honig pur probieren. Wie schmeckt der Honig? Wie fühlt er sich auf der Zunge an?

- Die Bienenwachskerzen in die Hand nehmen und die Oberfläche befühlen. Beschreiben, wie sich die Kerzen anfühlen.
- Aus den Bienenwachsplatten und dem Docht eine Kerze rollen.
- Joghurt oder Quark in Schälchen füllen. Etwas flüssigen Honig daraufgeben und probieren. Wie schmecken die Säure und Süße zusammen?
- Früchtetee in Tassen eingießen. Ein wenig Honig zum Süßen in den Früchtetee geben. Beschreiben, wie der Honig im Tee schmeckt.
- Ein Stück Brot mit Honig bestreichen. Beobachten, was mit dem Honig auf dem Brot passiert. Langsam kauen. Spüren, wie sich das Brot im Mund anfühlt. Beschreiben, wie das Honigbrot schmeckt.

Sinnesgeschichte

Lesen Sie die folgende Geschichte langsam vor.

Ich mag Honig. In allen Variationen. Fest, flüssig, hell und dunkel. Mein Onkel war Imker, und ich war früher oft bei ihm zu Besuch und habe ihm bei seiner Arbeit zugesehen. Oder, wie er immer sagte: bei seiner Leidenschaft. Und ja, für ihn war es wahrhaftig eine Leidenschaft. Er hat mir viel erklärt, und natürlich durfte ich auch oft naschen. Ganz besonders schmeckte der Honig, der direkt aus der Wabe kam. Das war ein himmlischer Geschmack, an den ich mich heute immer noch erinnere, wenn ich an die Zeit in seinem Garten denke.

Meine Mutter aß Honig gerne auf Quark. Als Kind mochte ich das nicht so. Dafür heute umso mehr. Die Mischung aus der Säure des Quarks und der Süße des Honigs ist ein ganz besonderer Geschmack. In meiner Kindheit war mir ein Honigbrötchen viel lieber. Dabei war es mir egal, ob der Honig fest oder flüssig war. Lustiger war es mit dem flüssigen Honig allemal. Spätestens beim vorletzten Bissen lief er immer hinten vom Brötchen herunter. Immer. Da konnte ich machen, was ich wollte. Den heruntergelaufenen Honig schleckte ich dann mit meinem Finger vom Teller. Das war besonders lecker!

Wenn ich heute meinen Quark mit Honig esse, isst meine Enkeltochter ihr Honigbrötchen. Und immer, wenn sie danach mit ihrem Finger über den Teller fährt, denke ich an diese Zeit meiner Kindheit zurück. Dann spüre ich sofort dieses unnachahmliche Gefühl auf meiner Zunge und den einmaligen Geschmack des frischen Honigs.

12 Echt Kölnisch Wasser

Jeder kennt den Duft. Von der Mutter, von der Oma, der Tante … Heute ist er lange nicht mehr so modern wie noch vor einigen Jahrzehnten, aber trotzdem immer noch fast überall bekannt. Der Duft schenkt Erinnerungen. Er schafft Verbindungen zu Menschen, die uns nahestehen. Nimmt uns für einen Augenblick mit auf eine Reise in die Vergangenheit.

Material

- eine oder mehrere Flaschen „Echt Kölnisch Wasser" (in verschiedenen Ausführungen)
- Wattepads

Ablauf

Stellen Sie die Kölnisch-Wasser-Flaschen auf einen Tisch oder geben Sie den Seniorinnen und Senioren je eine Flasche des Duftes in die Hand. Schauen Sie sich die Flasche gemeinsam genau an. Eventuell werden bei dem einen oder anderen an dieser Stelle schon Erinnerungen wach, die Raum brauchen und erzählt werden möchten. Begleiten Sie diese Begegnung mit einem offenen Ohr und hören Sie zu. Benötigen die Teilnehmenden Ihre Unterstützung, suchen Sie sich eine oder mehrere der unten stehenden Ideen aus und passen Sie diese an die Situation, die Ressourcen und die Bedürfnisse der Mitmachenden an.

- Die Flaschen ansehen und in die Hand nehmen. Beschreiben, wie das Etikett aussieht.
- Größe und Form der Flasche beschreiben. Wie fühlt sich die Flasche an?
- In welchen Bereichen der Flasche gibt es goldene Elemente? Sehen Sie sich die Flaschen gemeinsam an.
- Einen Spritzer „Echt Kölnisch Wasser" auf ein Wattepad sprühen (ggf. übernehmen Sie). Den Duft beschreiben. Wird der Duft als angenehm empfunden?
- An wen oder was erinnert der Duft die Seniorinnen und Senioren? Laden Sie zum gemeinsamen Erzählen ein.
- Die Flaschen der Größe nach ordnen (wenn mehrere verschiedene vorhanden sind).

Sinnesgeschichte

Lesen Sie die folgende Geschichte langsam vor.

„Echt Kölnisch Wasser“ kenne ich von meiner Mutter. Sie liebte dieses Duftwasser und trug es morgens wie auch zwischendurch am Tag immer wieder auf. Wenn ich heute diesen Duft rieche, ist es ein sehr vertrautes Gefühl, das in mir aufkommt. Ich genieße es und halte einen Augenblick inne. Ich sehe das Fläschchen vor mir, das immer neben ihrem Bett stand. Wie oft hatte ich es in der Hand und fuhr mit den Fingern um den goldenen Verschluss. Die Rillen entlang. Und ich wusste, welchen Wert dieses Fläschchen für sie hatte. Dass es ein Begleiter durch den Tag war. Wenn sie sonntags in die Kirche ging, trug sie sogar die doppelte Menge auf. Dann war ein besonderer Tag. Genauso an ihrem Geburtstag und an Weihnachten. Das brachte mich immer zum Lächeln, denn ich wusste schon vorher genau, in welchen Augenblicken sie mehr oder weniger davon nehmen würde.

Heute vernehme ich den Duft nicht mehr so häufig. Dafür nehme ich ihn, wenn ich ihn rieche, ganz besonders und intensiv wahr. Diese Mischung aus Frische und dem beruhigenden Gefühl der Erinnerung an früher ist etwas ganz Besonderes, das ich sehr genießen kann.

13 Zimt

Zimt ist eines unserer ältesten Gewürze. Es wird in Süßspeisen und Gebäck verwendet, ist Bestandteil von Tees und Glühwein und galt bei den Ägyptern schon als wertvolles Heilmittel. Für viele von uns ist Zimt ein Gewürz, das hauptsächlich an die Advents- und Weihnachtszeit erinnert. Mit Zucker vermischt schmeckt er auf Kuchen, Desserts oder im Pfannkuchen – auch über die Weihnachtszeit hinaus.

Material

- Zimtpulver in einem Schälchen
- Zucker in einem Schälchen
- Zimtstangen
- 1 leeres kleines Schälchen
- dünner Draht
- kleine Löffel und Gabeln
- im Winter ggf. 1 Bratapfel (oder mehrere) für alle zum Probieren
- Zimtsterne

Ablauf

Stellen Sie die mitgebrachten Materialien in die Mitte eines Tisches und geben Sie den Seniorinnen und Senioren Zeit und Raum, selbst damit in Kontakt zu gehen. Begleiten Sie die Begegnung einfach, solange nicht mehr Unterstützung von Ihnen benötigt wird. Wenn doch, suchen Sie sich eine oder mehrere der unten stehenden Ideen aus und passen Sie diese an die Bedürfnisse und Ressourcen der Teilnehmenden an.

- An dem Zimtpulver und den Zimtstangen riechen. Den Duft beschreiben.
- Etwas Zucker mit Zimtpulver in einem Schälchen mischen. An dem Gemisch riechen. Wie duftet es?
- Zu welchen Anlässen und in welchen Gerichten wurde bei den Mitmachenden Zimt verwendet? Empfinden sie Zimt als typisches Weihnachtsgewürz?
- Die Zimtstangen ihrer Größe nach sortieren.

- Aus den Zimtstangen mithilfe des Drahts eine duftende Kette zur Dekoration basteln. Dafür ein Stück Draht abschneiden und ihn dreimal um eine Zimtstange wickeln. Ein paar Zentimeter frei lassen und dann die nächste Zimtstange einwickeln. Die fertige Dekoration in sich ein wenig drehen, damit sie hübscher aussieht.
- Den Bratapfel probieren. Welche Rezepte kennen die Teilnehmenden von früher? Welche Zutaten kommen in den Bratapfel? Mag jeder Marzipan und Rosinen? Wie wurde der Bratapfel serviert? Mit Vanilleeis oder Vanillesoße?
- Gemeinsam die Zimtsterne probieren. Wie schmecken sie? Wer hat früher selbst Zimtsterne gebacken und weiß, wie sie zubereitet werden? Welche Zutaten kommen in den Teig? Gibt es wohlgehütete Familienrezepte?

Sinnesgeschichte

Lesen Sie die Geschichte langsam vor.

Bei dem Duft von Zimt denke ich sofort an den Apfelkuchen meiner Oma. Ich glaube, das ist auch die erste Erinnerung, die ich an dieses herrliche und vielseitige Gewürz habe. Meine Oma hat ihren Apfelkuchen zu jedem, aber auch zu jedem Anlass gebacken, und wir haben nie genug davon bekommen können. Alle liebten Omas Apfelkuchen mit der leckeren Zimtschicht und dem dicken Zuckerguss obendrauf. Zu jeder Tages- und manchmal sogar auch zur Nachtzeit. Ich weiß noch, dass ich den Zuckerguss immer als Letztes gegessen habe. Zuerst habe ich diese Schicht beiseitegelegt, um zunächst genüsslich die Äpfel mit dem Zimt zu genießen. Die Äpfel habe ich mir immer ganz langsam auf der Zunge zergehen lassen und ihren Geschmack mit dem des Zimtpulvers genossen. Jeder Bissen schmeckte köstlich und war einmalig. Nach den zimtigen Äpfeln habe ich immer den saftigen Boden gegessen. Danach die dicke Schicht Zuckerguss. Das Zimtaroma hatte sich durch alle Schichten gezogen und so im ganzen Kuchen entfaltet.

Als ich älter war, hat meine Oma mir das Rezept für ihren Apfelkuchen verraten. Ich hüte es seitdem wie einen Schatz und backe den Kuchen immer noch regelmäßig. So gut wie der meiner Oma ist er nie geworden – ihrer war wirklich perfekt! Aber bei jedem Bissen bin ich ihr und den Erinnerungen aus meiner Kindheit ein kleines Stückchen näher.

14 Schokolade

Manch einer mag sie klassisch in Vollmilch, ein anderer in Zartbitter, wieder ein anderer bevorzugt die weiße Variante. Es gibt sie in unzähligen Sorten und Geschmacksrichtungen. Am Stück genossen zergeht sie im Mund, als heiße Schokolade wärmt sie nach langen Spaziergängen im Herbst oder Winter von innen. Schokoladeneis erfrischt im Sommer. Geschmäcker sind verschieden. Die Erinnerungen daran verbinden.

Material

- verschiedene Sorten Schokolade
- Milch
- Topf
- Tassen
- Schälchen
- Gabeln
- Kakaopulver zum Anrühren für heiße Schokolade oder kalten Kakao
- erwärmte Milch in einer Thermoskanne
- kalte Milch (Zimmertemperatur)
- geschmolzene Schokolade
- Früchte oder Gebäck mit wenig Zucker
- Schokoladeneis

Ablauf

Stellen Sie die mitgebrachte Schokolade in die Mitte eines Tischs. Geben Sie den Seniorinnen und Senioren zu Beginn ein wenig Zeit, sich die vorbereiteten Materialien in Ruhe anzusehen und damit in Kontakt zu gehen. Lassen Sie die Schokolade gerne zunächst eingepackt, so besteht die Möglichkeit, dass die Teilnehmenden sich über beliebte Schokoladenmarken austauschen können. Solange es möglich ist, begleiten Sie die Begegnung nur. Wird Ihre Unterstützung benötigt, suchen Sie sich eine oder mehrere der folgenden Ideen aus, die Ihrer Meinung nach gut zu Ihrer Zielgruppe passen. Wandeln Sie diese ggf. ab und passen Sie sie an die Bedürfnisse und Ressourcen der Teilnehmenden an. Wenn Schokolade auf dem Tisch steht, kann es natürlich sein, dass zu Beginn der Begegnung schon genascht wird. Das ist völlig in Ordnung und eine Bereicherung für Ihr Angebot. Haben Sie gerne noch etwas Schokolade in petto, die Sie zu den Sinneserfahrungen hinzuholen können.

- Die Schokoladentafeln in die Hand nehmen und ansehen. Die Verpackung beschreiben. Welche Farbe hat sie? Ist ein Muster oder eine Figur abgebildet? Kennen die Teilnehmenden die Marke von früher? Wie sah die Verpackung früher aus?
- Die Schokolade auspacken und in Stücke brechen.
- Welche Erinnerungen werden wach? Wann wurde Schokolade gekauft bzw. gegessen? Wie wurde geteilt? Welche Sorten gab es früher? Welche Sorte war besonders beliebt?
- Die Schokoladenstückchen probieren. Beschreiben, wie die Schokolade schmeckt. Gefällt der Geschmack? Welche Lieblingssorten gibt es unter den Teilnehmenden? Hat sich der Geschmack im Laufe der Zeit verändert?
- Erwärmte Milch in Tassen füllen. Kakaopulver hineinrühren. Gemeinsam das warme Kakao-Getränk probieren und den Geschmack beschreiben.
- Kalten Kakao anrühren. Gemeinsam probieren und beschreiben, wie das Getränk schmeckt.
- Welche Erinnerungen werden beim Kakaotrinken wach? Zu welchen Anlässen haben die Teilnehmenden früher Kakao oder heiße Schokolade getrunken?
- Früchte oder Gebäck in die geschmolzene Schokolade tunken und probieren. Wie schmeckt diese Kombination? Wie fühlt es sich an, mit dem Gebäck oder den Früchten durch die geschmolzene Schokolade zu fahren?
- Das Schokoladeneis probieren. Wie schmeckt das Eis? Ist es süß oder herb? Schmeckt es schokoladig oder sahnig? Wann wurde früher Schokoladeneis gekauft bzw. gegessen?

Sinnesgeschichte

Lesen Sie die folgende Geschichte langsam vor.

Ich liebe das Gefühl von schmelzender Schokolade in meinem Mund. Ganz langsam lasse ich das Schokoladenstück in meinem Mund zergehen und genieße den süßen Geschmack auf meiner Zunge. Es gibt eine bestimmte Sorte Schokolade, die mich an meine Großtante zurückdenken lässt. Sie hatte früher immer diese Schokolade im Haus. Für ihre eigenen Enkel und alle Kinder in der Nachbarschaft. Wenn sie samstagnachmittags das Küchenfenster öffnete, wussten alle, was passieren würde. Großzügig verteilte sie an jedes Kind ein Stück Schokolade. Da waren ratzfatz zwei Tafeln weg. Alle wussten, dass jedes Kind nur ein Stück bekommen würde. Deshalb ließen die meisten ihre Schokolade ganz langsam im Mund zergehen, um möglichst lange etwas von dem zarten Schmelz zu haben. In diesem Moment wurde immer etwas Ruhiges gespielt, und es wurde leise in der Nachbarschaft. Allmählich kehrte nach dieser Stille wieder Leben ein, und die fröhlichen Kinderstimmen erklangen zwischen den Häusern.

Dieses langsame Zergehenlassen habe ich mir bis heute bewahrt, wenn ich Schokolade esse. Und ganz oft, wenn ich die eine bestimmte Sorte von früher esse, denke ich an meine Großtante und die Samstagnachmittage bei uns in der Straße zurück.

15 Stoff

Stoffe sind vielfältig, fühlen sich unterschiedlich an, lassen sich für unterschiedliche Zwecke nutzen. Täglich begleiten sie uns auf unserem Weg durch das Leben, umhüllen uns und sind uns so nah wie kaum etwas anderes. Höchste Zeit, dem Stoff ein bisschen Aufmerksamkeit zu schenken.

Material

- verschiedene Stoffarten in einem Beutel oder einer Kiste (z. B. Samt, Seide, Satin, Cord, Jeans, Baumwolle, Tüll, Synthetik)

Ablauf

Bieten Sie den Teilnehmenden die Kiste oder den Beutel mit Inhalt an. Vielleicht beginnen sie von selbst, den Inhalt zu erkunden. Lassen Sie dies gerne zu. Aus folgenden Tipps können Sie außerdem auswählen, was in die Situation und zu den Fähigkeiten der Teilnehmenden passt. Tendenziell sind die Ideen von „leicht" zu „schwieriger" sortiert.

- Stoffstücke in die Hand nehmen. Genau fühlen und das Material und die Beschaffenheit spüren.
- Beschreiben, wie sich ein Stoff anfühlt, zum Beispiel „glatt", „rau", „weich"…
- Fühlt sich das Stoffstück angenehm an?
- Haben die Teilnehmenden schon einmal Kleidungstücke besessen, die aus dem jeweiligen Stoff bestanden?
- Nennen Sie eine Stoffart und bitten Sie eine Person, den entsprechenden Stoff herauszusuchen.
- Gemeinsam herausfinden, wie die Stoffarten heißen.
- Gemeinsam überlegen, welche Stoffart sich am besten für welche Art Kleidungsstück eignet.
- Nennen Sie Kleidungsstücke und lassen Sie die Teilnehmenden jeweils eine Stoffart heraussuchen, die zu den Kleidungsstücken passt.

Sinnesgeschichte

Lesen Sie die folgende Geschichte langsam vor.

Als Kind hatte ich eine leichte Baumwolljacke, die ich über alles liebte. Sie war so leicht und weich und das Gefühl auf meiner Haut unbeschreiblich schön. Der Stoff fühlte sich an wie eine zweite Haut auf meiner eigenen. Ich trug sie sogar im Sommer. Ich war in ihr vollkommen geborgen und eingehüllt. Natürlich musste meine Mutter sie zwischendurch waschen. Beim ersten Mal war das ein ganz komisches Gefühl, denn ich musste am Tag darauf ohne sie in die Schule gehen, weil sie noch nicht trocken war. Sie fehlte mir richtig. Meine Mutter bemühte sich daraufhin, dass sie die Jacke immer so wusch, dass sie über Nacht trocken wurde und ich sie am nächsten Tag gleich wieder anziehen konnte. Zur Not hängte sie die Jacke ganz nah an die Heizung, damit sie auch wirklich schnell trocknete. Ich liebte das so weiche Gefühl auf der Haut in Verbindung mit dem frischen Duft des Waschpulvers. Es gab mir ein wunderbares Gefühl von Geborgenheit.

Die Jacke trug ich so lange, wie es möglich war, und ich war sehr traurig, als sie zu eng und zu kurz wurde und ich schließlich herausgewachsen war. An das wunderbare Gefühl auf meiner Haut erinnere ich mich noch heute.

16 Blätter und Laub

Der Duft von feuchten Blättern und frischem Laub erinnert an Waldspaziergänge im Sommer und Herbst. In den Erinnerungen wird schnell wieder präsent, wie sich die Luft auf der Haut angefühlt hat, wie satt das Grün der Bäume und Pflanzen war und wie es sich mit Beginn der Herbstzeit veränderte. Für viele Seniorinnen und Senioren gehören Spaziergänge durch Wälder und Felder zu den Erinnerungen an ihre Kindheit und das Erwachsenenalter. Viele haben in Wäldern gespielt und sonntägliche Spaziergänge mit der Familie unternommen. Menschen, die gerne wandern waren, erinnern sich an unbeschwerte Ausflüge mit Freunden.

Material

- Blätter verschiedener Bäume (Bei frischen Blättern kann der Duft gut wahrgenommen werden.)
- Feuchtes Laub
- Getrocknetes Laub
- Gepresste Blätter
- 1 (tiefes) Tablett
- Evtl. kleine, dünne Zweige

Ablauf

Legen Sie die verschiedenen Blätter und das Tablett auf einen Tisch. Geben Sie den Seniorinnen und Senioren einen Augenblick Zeit, sich die mitgebrachten Blätter anzusehen und gegebenenfalls auch schon zu berühren oder in die Hand zu nehmen. Beobachten Sie, was die Teilnehmenden machen und ob sie selbstständig in Kontakt mit den angebotenen Materialien gehen. Warten Sie einen Augenblick ab, bevor Sie eine oder mehrere der unten aufgeführten Ideen anregen. Passen Sie diese an die Bedürfnisse und Ressourcen und die aktuelle Situation der einzelnen Teilnehmenden und der Gruppe an.

- Schauen Sie sich die Blätter gemeinsam an. Von welchen Bäumen stammen die Blätter? Können die Seniorinnen und Senioren benennen, zu welchem Baum die Blätter gehören? Welches sind die klassischen Merkmale, um die Blätter voneinander zu unterscheiden?

- Laden Sie die Teilnehmenden ein, die Blätter in die Hand zu nehmen. Wie fühlt sich die Oberfläche an? Helfen Sie ihnen ggfs. bei der Beschreibung, indem Sie nachfragen.
- Nehmen Sie die verschiedenen Blätter in die Hand. Wie fühlen sich die Oberflächen, wie die Mittelrippe und die Seitenrippen an? Beschreiben Sie das Gefühl.
- Riechen Sie gemeinsam an dem Laub und an den Blättern. Woran erinnert der Duft? Fragen Sie nach Orten, Menschen, die die Seniorinnen und Senioren in den Erinnerungen bei sich hatten, und Bildern, die wachgerufen werden.
- Legen Sie die Blätter gemeinsam mit den Teilnehmenden auf das Tablett. Versuchen Sie, ein paar der Blätter so zu verteilen, dass eine ebene Fläche entsteht. Laden Sie die Seniorinnen und Senioren ein, mit der Hand darüberzustreichen.
- Befüllen Sie das Tablett gemeinsam bis zum Rand mit den Blättern. Laden Sie die Teilnehmenden ein, die Finger in dem Blätterbad langsam hin- und herzubewegen.
- Verstecken Sie die kleinen Zweige in den Blättern. Laden Sie die Teilnehmenden ein, die kleinen Zweige in den Blättern zu suchen. Schwieriger wird es mit geschlossenen Augen.

Sinnesgeschichte

Lesen Sie die folgende Geschichte langsam vor.

Ich habe früher oft im Wald gespielt. Gemeinsam mit meinen Freunden habe ich dort viel Zeit verbracht und die unterschiedlichsten und schönsten Abenteuer erlebt. Ich erinnere mich noch genau an den Duft der Waldluft. Es roch nach Laub, saftigen Blättern und Bäumen. Nicht an jeder Stelle im Wald gab es große Blättermengen. Das hing von der Anordnung der Bäume ab.

Im Laufe der Jahre kannten wir natürlich die Stellen, an denen es viel Laub gab. An denen wir viele unterschiedliche Blätter finden konnten. Und immer, wenn wir es uns gemütlich machen wollten, suchten wir diese Orte auf. Es waren ruhige Orte. Ich erinnere mich noch ganz genau daran, wie still es dort war, wenn wir uns nicht bewegten. Und daran, wie es dort duftete. Wie frisch und wach ich mich dort fühlte. Wir saßen auf der Erde und streichten mit unseren Händen ganz vorsichtig über die Blätter. Einmal, weil der Blätterteppich so wundervoll aussah, und auch, wahrscheinlich sogar vor allem, weil es so unglaublich kitzelte, wenn wir ihn mit unseren Handflächen nur ganz leicht berührten.

Vieles veränderte sich mit den Jahren. Aus dem abenteuerlustigen Spielen wurden Ruhephasen und Gespräche unter jungen Erwachsenen. Der Wald war so etwas wie ein Zufluchtsort. Und das, was blieb, war der so eindrucksvolle und vertraute Duft nach Bäumen und Blättern. Ich erinnere mich noch heute so gerne an diese Zeit zurück. An jede Phase meines Lebens, die ich so bewusst dort im Wald erleben durfte. Und mit jedem Gedanken schwingt auch immer der Duft von frischen Blättern und feuchtem Laub mit. Und ich spüre ein leichtes Kitzeln in meinen Händen.

Erinnerungen, die verbinden

In diesem Abschnitt des Buches finden Sie kleine Anregungen für die Biografiearbeit. Wir haben bewusst Ideen dargestellt, die sich auf die Ressourcen und die positiven Aspekte der eigenen Lebensgeschichte beziehen. Trotzdem kann es immer sein, dass dadurch auch unschöne Erinnerungen wachgerufen werden. Dies sollte Ihnen bewusst sein, damit Sie im Fall der Fälle professionell damit umgehen können.

Wie Menschen auf unschöne Erinnerungen reagieren, ist sehr unterschiedlich, und dementsprechend vielfältig können unsere Reaktionen als Begleitende sein. Wichtig ist, die Gefühle zu akzeptieren und als gültig anzuerkennen. Menschen können ihre Emotionen zwar regulieren, sind aber nicht in der Lage, ihr Auftreten zu steuern. Das sollte uns in der Begleitung bewusst sein. Wenn die Menschen signalisieren, dass sie über etwas nicht reden oder nach einem Gespräch gerne alleine sein möchten, sollten wir das respektieren.

Welche anderen Möglichkeiten haben wir? Wir können unsere Anwesenheit anbieten, eine Hand halten, wir können gemeinsam mit dem Menschen darüber schimpfen wie unglaublich ungerecht die Welt sein kann, wir können denjenigen fragen, was ihm jetzt guttun würde, einen warmen Tee anbieten oder ein paar Schritte gemeinsam gehen.

Sollte eine Person plötzlich ungewöhnlich abwesend wirken, können wir versuchen, sie durch gezielte Fragen wieder in das Hier und Jetzt zurückzuholen. Diese Fragen können zum Beispiel einfache Matheaufgaben oder Wortfindungsübungen sein, auch körperliche Betätigung kann in solchen Momenten helfen. Wichtig ist bei dem Auftreten solcher Vorkommnisse die Informationen an Mitbetreuende und Pflegende weiterzugeben.

1 Dinge meiner Kindheit

Keine Zeit unseres Lebens brennt sich so einfach tief in unsere Erinnerung ein, wie es unsere Kindheit tut. Es sind nicht nur die großen Dinge, die uns prägen und begleiten – oft sind es die kleinen Dinge, das Alltägliche, das Nebensächliche, das für uns heute noch so präsent ist, als wäre es gestern gewesen.

Material

Sie können die Sätze auf der folgenden Seite einfach einzeln vorlesen. Oder Sie können sie vorab kopieren, ausschneiden und laminieren und dann an die Seniorinnen und Senioren austeilen. Für manche Teilnehmenden ist es einfacher, wenn sie ihren Satz vor sich sehen und in der Hand haben.

Ablauf

Lassen Sie eine Person zufällig eine Karte mit einem Satz ziehen, oder lesen Sie einen beliebigen Satz vor. Lassen Sie Gespräche, die sich daraus entwickeln, zu und entscheiden Sie je nach Situation, ob Sie weitere Sätze ziehen lassen bzw. vorlesen oder ob ein Impuls für die Kurzbegegnung von Mensch zu Mensch ausreicht.

In meiner Kindheit hatte ich ein Spielzeug, an das ich mich noch ganz genau erinnere …

In meiner Kindheit gab es ein leckeres Gericht, an dessen Geschmack ich mich noch ganz genau erinnere …

In meiner Kindheit gab es ein Gericht, das ich gar nicht mochte, daran erinnere ich mich noch ganz genau …

In meiner Kindheit gab es ein Getränk, an das ich mich noch genau erinnere …

In meiner Kindheit habe ich etwas für die Schule gebraucht, an das ich mich noch ganz genau erinnere …

Es gibt ein Paar Schuhe aus meiner Kindheit, an das ich mich noch genau erinnere …

Es gibt ein Kleidungsstück, das meine Mutter oder Oma trug, an das ich mich noch genau erinnere …

Es gibt einen Gegenstand, der bei uns im Klassenzimmer war, an den ich mich noch genau erinnere …

Es gibt ein Gerät, das in meiner Jugend häufig in der Küche genutzt wurde, daran erinnere ich mich noch genau …

Es gibt einen Gegenstand den ich (oder mein Vater / mein Opa) in meiner Kindheit baute, daran erinnere ich mich noch genau …

Es gibt ein Möbelstück aus meiner Kindheit, an das ich mich noch genau erinnere …

Es gibt ein Lied aus meiner Jugend, an das ich mich noch genau erinnere …

2 Schön, dass es das gibt

Überlegen Sie gut: Es gibt viele Gelegenheiten, zu denen wir Andenken geschenkt bekommen oder uns selbst welche schaffen. Es gibt viele Gegenstände, die uns in unserem Leben begleiten. Und es gibt Personen, die Vorbilder für uns sind, denen wir nacheifern, oder solche, die uns eine Stütze im Leben sind und uns durch schwierige Zeiten begleiten. Es gibt Tätigkeiten, die uns guttun, die unserem Leben einen Sinn geben, die ganz besondere Möglichkeiten schaffen. Es lohnt sich, über die Gegenstände, Personen und Tätigkeiten nachzudenken und in die innere Freude hineinzufühlen. Freude über etwas oder jemanden kann ein Gefühl der Dankbarkeit sein, es kann aber auch eine Würdigung und eine Ehrerbietung für die Existenz sein.

Material

ggf. pro Person 1 Stift und 1 Kopie des Arbeitsblatts (S. ##)

Ablauf

Entscheiden Sie je nach Situation, ob Sie diese Idee für die Kurzbegegnung mithilfe eines Arbeitsblatts oder mündlich durchführen möchten. Wenn die Teilnehmenden noch gut schreiben können, kann das Verschriftlichen eine Hilfe sein, die eigenen Gedanken zu ordnen. Hinzu kommt, dass die Teilnehmenden das Blatt im Anschluss mitnehmen können und sich mit dessen Hilfe auch zu einem späteren Zeitpunkt die Dinge, die ihnen Freude bereiten, noch einmal in Erinnerung rufen können. Wenn Sie mit dem Arbeitsblatt arbeiten möchten, müssen Sie dieses vorab in ausreichender Anzahl für die Teilnehmenden kopieren.

Fragen Sie die Teilnehmenden, worüber sie sich freuen, was sie bereichert und wofür sie dankbar sind. Orientieren Sie sich bei Bedarf an dem Arbeitsblatt und nehmen Sie für die Hinführung auch gerne den einführenden Text (s. o.) zu Hilfe. Bitten Sie die Teilnehmenden, in Ruhe nachzudenken, und weisen Sie darauf hin, dass Gedanken zu diesem Thema Momentaufnahmen sind. Wenn Sie mit dem Arbeitsblatt arbeiten möchten, verteilen Sie dieses und lassen Sie die Teilnehmenden ihre Gedanken aufschreiben. Alternativ oder im Anschluss laden Sie die Teilnehmenden dazu ein, sich über die eigenen Gedanken auszutauschen.

Beispiel:

Ein Gegenstand, über dessen Existenz ich mich freue: *Meine Wärmflasche*
Warum ich diesen Gegenstand ausgewählt habe: *Weil sie mir ein wohlig-warmes Gefühl gibt und ich es mag, sie mit ins Bett zu nehmen.*

Eine Person, über deren Existenz ich mich freue: *Unser Pfarrer*
Warum ich diese Person ausgewählt habe: *Weil seine Worte mir Kraft geben.*

Eine Tätigkeit, die mir Freude macht: *Backen*
Warum ich diese Tätigkeit ausgewählt habe: *Weil sie mir Spaß macht und ich Menschen gerne mit Gebackenem erfreue.*

Ein Gegenstand, über dessen Existenz ich mich freue:

____

Warum ich diesen Gegenstand ausgewählt habe:

____

____

Eine Person, über deren Existenz ich mich freue:

____

Warum ich diese Person ausgewählt habe:

____

____

Eine Tätigkeit, die mir Freude macht:

____

Warum ich diese Tätigkeit ausgewählt habe:

____

____

3 Das Arbeitsleben

Das Arbeitsleben ist vielschichtig, die Arbeitsbiografien sind sehr unterschiedlich. Das Arbeitsleben beginnt mit der ersten (Ausbildungs-)Stelle und endet mit dem Ruhestand. Dazwischen liegt meist ein langer Weg, der uns als Menschen prägt.

Material

Sprichwort-Kärtchen (S. ##)

Vorbereitung: Kopieren Sie die Kärtchen mit den Sprichwörtern rund um das Arbeitsleben. Idealerweise laminieren Sie die Kärtchen für den mehrfachen Gebrauch, dann schneiden Sie sie aus. Wenn Sie ohne Kopie arbeiten möchten, können Sie die Sprichwörter auch alternativ auf einen Flip-Chart, eine Tafel oder in der Einzelarbeit auf ein Blatt Papier schreiben.

Ablauf

Wenn Sie Karten mit den Sprichwörtern vorbereitet haben: Verteilen Sie die Sprichwörter für alle gut sichtbar und erreichbar auf dem Tisch, oder geben Sie die Sprichwortkärtchen herum. Wenn Sie mit einer einzelnen Person arbeiten, geben Sie dieser die Kärtchen in die Hand.

Lesen Sie die Sprichwörter vor, oder lassen Sie die Teilnehmenden vorlesen. Stellen Sie folgende Frage:

Wahr oder falsch? Erinnern Sie sich an eine Situation aus Ihrem Arbeitsleben, die das folgende Sprichwort bestätigt oder widerlegt?

Lassen Sie den Teilnehmenden ausreichend Zeit, um über die Frage nachzudenken. Fordern Sie die Seniorinnen und Senioren dann auf, sich eines der Sprichwörter auszusuchen, die Frage zu beantworten und von den eigenen Gedanken zu erzählen. Vielleicht kommt verschiedenen Personen zu demselben Sprichwort auch Unterschiedliches in den Sinn.

Nach getaner Arbeit ist gut ruhn.
Handwerk hat goldenen Boden.
Es ist noch kein Meister vom Himmel gefallen.
Arbeit ist das halbe Leben.
Klappern gehört zum Handwerk.

Lehrjahre sind keine Herrenjahre.
Erst die Arbeit, dann das Vergnügen.
Früh übt sich, wer ein Meister werden will.
Wer ungebeten zur Arbeit geht, geht ungedankt davon.
Übung macht den Meister.

Erfahrung ist die beste Lehrmeisterin.

Ist das Geschäft auch noch so klein,
es bringt doch mehr als Arbeit ein.

Zu viele Meister verderben
den Kleister.

Arbeit ist das Salz des Lebens.

Dienst ist Dienst und Schnaps
ist Schnaps.

4 Glücksmomente

Schon in der Einführung haben wir über das Thema „Glück" und die schwere Fassbarkeit dieses Begriffs gesprochen. Über das Glück haben sich schon sehr viele Menschen Gedanken gemacht und einiges zu dem Thema gesagt oder aufgeschrieben. Worte von anderen können unsere eigenen Gedanken ins Rollen bringen.

Material

- Kärtchen mit Sprüchen zum Thema Glück (S. ##)

Vorbereitung: Die Karten mit den Sprüchen zum Thema „Glück" können kopiert, laminiert, ausgeschnitten und anschließend verteilt werden. Alternativ können die Sprüche auch einfach vorgelesen werden. Für manche Teilnehmenden ist es allerdings sehr hilfreich, Kärtchen vor sich zu haben, um die Sprüche besser auf sich wirken zu lassen.

Ablauf

Die Teilnehmenden schauen oder hören sich die Sprüche rund um das Thema „Glück" langsam und nacheinander an. Bei jedem Spruch dürfen sie entscheiden, ob sie diesem Spruch eher zustimmen oder eher nicht zustimmen würden. Gibt es vielleicht auch einen Spruch, den sie am liebsten dick unterstreichen würden? Sprechen Sie gemeinsam darüber.

Im Anschluss darf sich jede Person selbst einen Spruch über das Glück ausdenken, der zu ihrer Lebenserfahrung passt. Alternativ können sich die Teilnehmenden auch einen der vorhandenen Sprüche aussuchen.

Trautes Heim,
Glück allein.

Glück ist das
Einzige, was
sich verdoppelt,
wenn man es
teilt.

Jeder ist
seines Glückes
Schmied.

Glück und Glas,
wie leicht bricht
das.

Glück hat auf
die Dauer
nur der Tüchtige.

Glücklich ist,
wer vergisst,
was nicht mehr
zu ändern ist.

Das Glück des einen ist das Unglück des anderen.	Glück und Unglück gehen gewöhnlich dahin, wo schon das meiste davon ist.
Glück ist ein Buckel, der schwer zu tragen ist.	Mit dem Glück ist es oft wie mit der Brille: Es sitzt auf der Nase, und man weiß es nicht.
Wenn Hochmut aufgeht, geht Glück unter.	Dem Glücklichen schlägt keine Stunde.

Das Glück muss man regieren, das Unglück überwinden.	Zufrieden sein ist große Kunst, zufrieden scheinen bloßer Dunst, zufrieden werden großes Glück, zufrieden bleiben Meisterstück.
Herrscht im Haus Zufriedenheit, ist das Glück nicht weit.	Glück erkennt man oft erst, wenn es einen verlässt.

5 Mein Gepäck

„Jeder hat sein Päckchen zu tragen", sagt man und meint dabei meist unschöne Dinge, die unser Leben beeinflussen, Erinnerungen, Krankheiten, schlimme oder unangenehme Erlebnisse. Doch die Dinge, die wir sinngemäß „mit uns herumtragen", die uns beeinflussen, die uns prägen, können ganz unterschiedlich sein. Unser Gepäck enthält auch Positives, und es lohnt sich, diesem einen Blick zu schenken.

Material

- Kopien der 3 Taschen (S. ##) (ausreichend für alle Teilnehmenden)
- 1 Stift pro Person

Ablauf

Die Teilnehmenden werden dazu eingeladen, darüber nachzudenken, mit welchem positiven Gepäck sie durch ihr jetziges Leben gehen. Die Kopiervorlagen auf den folgenden Seiten zeigen drei Taschen mit den Aufschriften:

Menschen, die mir nahestehen
Dinge, die ich gut kann
Eigenschaften, die mir im Leben helfen

Die Teilnehmenden erhalten jeweils eine der drei kopierten Taschen und schreiben passend zur Aufschrift darauf, was sie „im Gepäck" haben: welche Fähigkeiten, Eigenschaften oder welche Menschen, die ihnen nahestehen.

Alternative

Material

- 1 kleine Stofftasche pro Person
- Textilmarker
- Karteikarten
- Stifte

Ablauf

Wer den Aufwand nicht scheut, kann auch echte kleine Stofftaschen mitbringen und mit Textilmarkern die drei zuvor angeführten Halbsätze darauf schreiben. In diesem Fall wird für jede Person eine Stofftasche benötigt. Zusätzlich bringen Sie leere Karteikarten mit. Für jeden Menschen, jede Fähigkeit oder jede Eigenschaft wird eine Karteikarte beschriftet und in die Stofftasche gesteckt. Die Stofftasche kann aufbewahrt werden und als Symbol Kraft schenken, wenn die unschöneren Päckchen, die wir tragen, gerade mal wieder präsenter sind als das positive Gepäck.

Menschen,
die mir nahestehen

Dinge,
die ich gut kann

Eigenschaften,
die mir im Leben helfen

6 Voller Dank

Es gibt so vieles in unserem Leben, das nicht perfekt ist. Die Welt hat Probleme, die Gesundheit spielt oft nicht mit, gerade im Alter, und auch sonst gibt es meist einen guten Grund, sich über manches zu beschweren. Das kann hilfreich und richtig sein. Zu anderen Zeiten ist es aber wohltuend und macht Mut, wenn man den Blick auf die Dinge richtet, die gut sind. Dinge, die einem helfen, den Tag zu bestreiten und den Kopf nicht in den Sand zu stecken. Dinge, für die man dankbar ist.

Material

Papier und Stifte

Ablauf

Die Teilnehmenden werden dazu eingeladen, auf einem Zettel alle Dinge zu notieren, für die sie Dankbarkeit empfinden. Es kann auch eine nummerierte Liste gemacht werden, auf der die Teilnehmenden gemeinsam versuchen, 10, 20 oder 30 Dinge zu sammeln, für die sie dankbar sind.

Einfachere Variante: Besprechen Sie mit den Teilnehmenden, was sie noch alles können, was sie an ihrem Alltag mögen, worauf sie sich freuen – und notieren Sie das.

7 Überschriften

Von der Geburt bis zum Tod schreiben Erlebnisse die Geschichte unseres Lebens. Oder: die Geschichten unseres Lebens. Es sind Episoden, Erinnerungen und das, was wir daraus machen.

Material

- Papier und Stifte
- Kopien von Fotos
- Bilder aus Zeitschriften
- Klebstoff und Schere

Ablauf

Die Teilnehmenden werden dazu eingeladen, über ihr Leben nachzudenken und darüber, welche Phasen es in ihrem Leben gab. Für diese Phasen suchen sie anschließend eine passende Überschrift. Die Überschriften können einfach so untereinander notiert werden. Oder jede Überschrift wird auf ein eigenes Blatt Papier geschrieben. Anschließend kann nach einem passenden Foto oder Bild gesucht werden, das dazugeklebt wird. Dieses Bild kann Symbolcharakter haben und muss kein Originalfoto aus der jeweiligen Lebensphase sei.

Einfachere Variante: Das ganze Leben in Überschriften festzuhalten, kann sehr zeitaufwendig sein und manchen sogar überfordern. Eine einfachere Variante, die zudem den Blick auf das Positive lenkt, ist, eine Überschrift für eine bestimmte Lebensphase zu finden. Leiten Sie die Variante wie folgt ein:

Denken Sie an eine Phase in Ihrem Leben, an die Sie sich gerne erinnern und in der es Ihnen richtig gut ging.

Dann erfinden die Teilnehmenden eine Überschrift für diese eine Lebensphase und ergänzen evtl. ein Bild.

Für die Kinder im Einsatz

8 Momente-Plakat

Taufe, Einschulung, Hochzeit, Geburt der Kinder: Das sind große Ereignisse in unserem Leben. Doch unser Leben besteht nicht nur aus großen Ereignissen, und selbst große Ereignisse bestehen am Ende aus einer Aneinanderreihung von kleinen Momenten. Ziel eines Momente-Plakats ist es, den Blick auf diese kleinen Momente zu lenken und sie festzuhalten.

Material

- 1 großes DIN-A3-Blatt pro Person
- bunte Papierkreise (Durchmesser ca. 12 cm)
- Filzstifte
- Klebstoff

Ablauf

Die Teilnehmenden bekommen Papierkreise und Filzstifte. Im Anschluss werden sie dazu eingeladen, auf jedem Papierkreis einen schönen Moment aus ihrem Leben zu notieren – es kann auch ein Symbol dafür gemalt werden. Solch ein Moment kann Teil eines großen Ereignisses gewesen sein, er kann aber auch einfach im Alltag stattgefunden haben. Folgende Fragen können Sie nutzen, um den Teilnehmenden zu helfen, sich an schöne Momente zu erinnern:

- Erinnern Sie sich daran, wie Sie ein Geschenk erhalten haben, über das Sie sich sehr gefreut haben?
- Erinnern Sie sich an einen Moment, als Ihre Kinder Sie zum Schmunzeln gebracht haben?
- Erinnern Sie sich an etwas, womit Ihr Lebenspartner / Ihre Partnerin Ihnen einmal eine große Freude bereitet hat?
- Erinnern Sie sich an einen Moment in der Natur, im Wald, am Strand, auf einer Wiese, den Sie ganz besonders genossen haben?
- Was hat Ihnen an Ihrer Hochzeit am besten gefallen?
- Erinnern Sie sich an einen Moment, als Sie beruflich besonders erfolgreich waren?

- Erinnern Sie sich an einen Moment, als jemand für Sie etwas gekocht oder gebacken hat, das Ihnen sehr gut geschmeckt hat?
- Erinnern Sie sich noch an eine Begegnung mit einem Tier, die Sie berührt hat?

Die Fragen sind nur als Beispiele gedacht und können nach Belieben ergänzt werden. Wenn die Kreise beschriftet sind, werden sie auf ein DIN-A3-Blatt geklebt. So entsteht ein Plakat mit schönen Momenten aus dem eigenen Leben.

9 Gefühlswelt

Wann ging es uns in unserem Leben so richtig gut? Sich an schöne Gefühle zu erinnern, kann Mut und Kraft für das Hier und Jetzt geben.

Material

Frage-Karten (Seite ##)

Vorbereitung: Die Fragekarten zur Gefühlswelt werden vorab kopiert, laminiert und ausgeschnitten. Wenn kein Laminiergerät vorhanden ist, können die Karten für mehr Stabilität auch auf Tonkarton geklebt werden. Die Karten können sowohl in der Einzelarbeit als auch in der Gruppenarbeit genutzt werden.

Ablauf

Legen Sie die Karten auf dem Tisch aus. Jede Person zieht eine der Gefühlsweltkarten und erzählt eine Geschichte dazu. Sagen Sie vor dem Ziehen einer Karte immer Folgendes:

Wann haben Sie erlebt, dass …

Bei mehreren Teilnehmenden sollte damit gerechnet werden, dass das Gespräch länger dauern kann, da jede Person die Gelegenheit bekommen soll, eine Karte zu ziehen. Lassen Sie den Teilnehmenden ausreichend Zeit zum Nachdenken. Wenn unschöne Erinnerungen aufkommen, kann es für die Seniorinnen und Senioren hilfreich sein, dass auch diesen Raum gegeben wird.

… dass Sie richtig stolz auf sich waren?	… dass Sie sehr neugierig waren?
… dass Sie richtig stolz auf jemand anderen waren?	… dass Sie großes Vertrauen in jemanden hatten?
… dass Sie sich innerlich ruhig gefühlt haben?	… dass jemand großes Vertrauen in Sie hatte?
… dass Sie richtig mutig waren?	… dass Sie sich kraftvoll fühlten?

… dass Sie sich aus ganzem Herzen über etwas gefreut haben?

… dass Sie sich für etwas begeistern konnten?

… dass Sie voller Dankbarkeit waren?

… dass Sie etwas getröstet hat?

… dass Sie ein Hindernis überwunden haben?

… dass Sie aufgeblüht sind?

… dass Sie jemandem helfen konnten?

… dass jemand Ihnen geholfen hat?

… dass Sie sich durchsetzen konnten?	… dass Sie Durchhaltevermögen hatten?
… dass Sie großzügig waren?	… dass jemand großzügig zu Ihnen war?
… dass Sie jemanden trösten konnten?	… dass Sie jemandem eine Freude machen konnten?
… dass jemand Ihnen eine Freude gemacht hat?	… dass Sie etwas zum Staunen gebracht hat?

Die Autorinnen

Natali Mallek ist Dipl.-Sozialpädagogin und Gedächtnistrainerin (BVGT). Sie ist u.a. Gründerin und Hauptautorin der Internetseite „Mal-alt-werden.de". Ihr Schwerpunkt liegt auf der Aktivierung und Beschäftigung von Senioren und Menschen mit Demenz.

Annika Schneider ist examinierte Ergotherapeutin, Autorin und Chefredakteurin der Internetseite „Mal-alt-werden.de". Sie erstellt Begegnungsangebote, Texte, Materialien und Fachbeiträge für die Begleitung von Senioren und Menschen mit Demenz.